Otto Heinrich Julius Heinemann

Beiträge zur Diplomatik der älteren Bischöfe von Hildesheim (1130-1246). Th. I.

Otto Heinrich Julius Heinemann

Beiträge zur Diplomatik der älteren Bischöfe von Hildesheim (1130-1246). Th. I.

ISBN/EAN: 9783743489158

Hergestellt in Europa, USA, Kanada, Australien, Japan

Cover: Foto ©Lupo / pixelio.de

Manufactured and distributed by brebook publishing software (www.brebook.com)

Otto Heinrich Julius Heinemann

Beiträge zur Diplomatik der älteren Bischöfe von Hildesheim (1130-1246). Th. I.

Beiträge zur Diplomatik
der
älteren Bischöfe von Hildesheim.
(1130—1246).
Th. I.

Inaugural-Dissertation

zur

Erlangung der philosophischen Doktorwürde

an der

Georg-Augusts-Universität zu Göttingen

von

Otto. Heinemann

aus Göttingen.

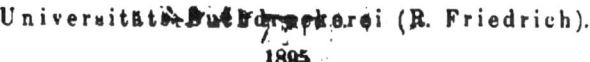

Universitäts-Buchdruckerei (R. Friedrich).
1895.

Referent: Herr Professor Dr. E. Steindorff.
Tag der mündlichen Prüfung: 19. Okt. 1894.

Mit Genehmigung der hohen philosophischen Fakultät der Universität Göttingen ist nur der vorliegende 1. Teil der Arbeit als Dissertation gedruckt. Die ganze Abhandlung wird im Verlage der N. G. Elwert'schen Verlagsbuchhandlung in Marburg erscheinen.

Herrn Prof. Dr. Ernst Steindorff

in Dankbarkeit und Verehrung

gewidmet.

Verzeichnis der gebrauchten Siglen.

1. Für die benutzten Archive.

D. = Gutsarchiv in Dorstadt.
G. = Städtisches Archiv in Goslar.
Gn. = Diplomatischer Apparat der Universität Göttingen.
H. = Königliches Staatsarchiv in Hannover.
H. (HV.) = Urkundensammlung des historischen Vereins für Niedersachsen.
Hm. A. = Godehardi-Pfarrarchiv ⎫
Hm. B. = Beverinische Bibliothek ⎬ in Hildesheim.
Hm. C. = Städisches Archiv ⎪
Hm. D. = Städtisches Museum ⎭
I. = Klosterarchiv in Isenhagen.
L. = Klosterarchiv in Loccum.
Lg. = Königliche Universitätsbibliothek in Leipzig.
M. = Königliches Staatsarchiv in Magdeburg.
N. = Germanisches Museum in Nürnberg.
W. = Herzogliches Landeshauptarchiv in Wolfenbüttel.
Wn. = Klosterarchiv in Wienhausen.

2. Für Bücher, Zeitschriften u. s. w.

BzU = Beiträge zur Urkundenlehre.
HGA = Hannoversche gelehrte Anzeigen.
HZ = Zeitschrift des Harzvereins.
MIÖG = Mittheilungen des Instituts für österreichische Geschichtsforschung.
    (Erg. = Ergänzungsband).
N.-Or. = Nichtoriginal.
Or. = Original.
Or.? = Angebliches Original.
QE = Quellen und Erörterungen zur bayrischen und deutschen Geschichte.
UB = Urkundenbuch.
VA = Vaterländisches Archiv, hrg. v. Spiel-Spangenberg, u. s. Fortsetzungen.
ZHV = Zeitschrift des historischen Vereins für Niedersachsen.

Verzeichnis
der nur mit dem Namen der Verfasser oder sonst mit starken Abkürzungen citierten Bücher.¹)

F. A. v. Aspern, Codex diplomaticus historiae comitum Schauenburgensium. Bd. 2. Hamb. 1850.
D. E. Baring, Beschreibung der Lauensteinischen Saala. Lemgo 1744.
C. B. Behrens, Genealogische und historische Vorstellung des Uhrsprungs einiger hochadlichen Häuser, sonderlich derer von Steinberg. Hannov. 1703.
Beiträge zur Hildesheimischen Geschichte. Bd. 1. 2. Hildesh. 1829. — Bd. 3. 1830.
G. Bode, Urkundenbuch der Stadt Goslar. Th. 1. Halle 1893.
F. J. Bodmann, Rheingauische Alterthümer. Mainz 1819.
J. F. Boehmer, Acta imperii selecta. Innsbr. 1870. (citiert: Boehmer.).
G. L. Boehmer, Electa iuris civilis. T. 3. Gotting. 1778. (citiert: Boehmer, Electa.).
— Principia iuris feudalis. Ed. 3. Gotting. 1775. (citiert: Boehmer, Princ.).
H. Bresslau, Handbuch der Urkundenlehre für Deutschland und Italien. Bd. 1. Leipz. 1889.
G. v. Buchwald, Bischofs- und Fürstenurkunden des 12. u. 13. Jahrhunderts. Rostock 1882.
Deductio iurisdictionis meyerdingicae ecclesiae cathedralis Hildesiensis preposito et capitulo competentis. Hildesh. 1758.
R. Doebner, Urkundenbuch der Stadt Hildesheim. Th. 1. Hildesh. 1881.
H. A. Erhard, Regesta historiae Westfaliae, accedit Codex diplomaticus. T. II. Münster 1851.
J. F. Falke, Codex traditionum Corbeiensium. Lipsiae, Guelferbyti 1752.
Ch. U. Grupen, Origines Pyrmontanae et Swalenbergicae. Gotting. 1740.
W. Günther, Codex diplomaticus Rheno-Mosellanus. Th. II. Coblenz 1823.
J. Ch. Harenberg, Historia ecclesiae Gandershemensis diplomatica. Hann. 1734.
W. v. Hodenberg, Verdener Geschichtsquellen. Bd. 2. Celle 1857.

¹) In Urkundenbüchern beziehen sich die Zahlen auf die Nummern der Urkunde, in anderen Werken auf die Seite.

E. Jacobs, Urkundenbuch des Klosters Ilsenburg. Th. 1. Halle 1875.
Ph. Jaffé, Monumenta Corbeiensia. Berl. 1864. (Bibliotheca rerum German. Bd. 1.).
C. L. Koken, Geschichte des Geschlechts und der Burg Winzenburg. Hildesheim 1833. (Beiträge zur Niedersächs. Geschichte. Bd. 1.).
J. M. Krätz, Der Dom zu Hildesheim. Th. 3. Hildesh. 1840.
J. M. Lappenberg, Hamburgisches Urkundenbuch. Bd. 1. Hamburg 1842.
J. B. Lauenstein, Historia diplomatica episcopatus Hildesiensis. Hildesh. 1740.
J. G. Leuckfeld, Antiquitates Bursfeldenses ... nebst Beyfügung kurtzer historischen Nachrichten von denen Clöstern Ringelheim und St. Blasii in Northeim. Leipz., Wolfenb. 1713.
H. A. Lüntzel, Die ältere Diöcese Hildesheim. Hildesh. 1837. (citiert: Lüntzel).
— Geschichte der Stadt und Diöcese Hildesheim. Th. 1 2. Hildesh. 1858. (citiert: Lüntzel I. II.).
O. Meinardus, Urkundenbuch des Stifts und der Stadt Hameln bis 1407. Hann. 1887. (Quellen u. Darstellungen z. Gesch. Niedersachsens. Bd. 2.)
Monumenta Germaniae historica, Scriptores. T. XVI. Hannov. 1859. (citiert: Mon. Germ. SS. XVI.).
Origines Guelficae. T. III. IV. V. Hannov. 1752. 1753. 1780. (citiert: Origg. Guelf.).
Chr. F. Paullini, Syntagma rerum Germanicarum. Francof. 1698.
O. Posse, Die Lehre von den Privaturkunden. Leipz. 1887.
H. Prutz, Heinrich der Löwe. Leipz. 1865.
Ch. L. Scheid, Von dem hohen und niederen Adel in Teutschland. Mantissa documentorum. Hannov. 1754. (citiert: Scheid, v. Adel.).
— Codex diplomaticus, worinnen die Anmerkungen und Zusäze zu Moser Einleitung in das Braunschweig-Lüneburgische Staatsrecht ... ihren weitern Beweiss und Erläuterung erhalten. Götting. 1759. (citiert Scheid, Cod. dipl.).
J. F. Schannat, Vindemiae litterariae. T. 1. Fulda, Lips. 1723.
G. Schmidt, Urkundenbuch des Hochstifts Halberstadt und seiner Bischöfe. Th. 1. 2. Leipz. 1883. 1884. (Publ. aus d. Preuss. Staatsarch. Bd. 17. 21.)
L. W. Schrader, Die älteren Dynastenstämme zwischen Leine, Weser und Diemel und ihre Besitzungen. Götting. 1832.
J. Th. G. Sonnemann, Licita legitimaque defensio s. inculpata iurium capituli secularis collegiatae sancti Andreae tutela. 1703.
J. H. Steffens, Geschlechts-Geschichte des Hochadelichen Hauses von Campe. Zelle 1783.
D. G. Struben, Commentatio de iure villicorum, vulgo Meyerrecht. Hannov. 1768. (citiert: Struben.).
— Observationum iuris et historiae Germaniae decas. Ed. 2. Hannov. 1769. (citiert: Struben, Observ.).

K. F. Stumpf-Brentano, Die Reichskanzler vornehmlich des 10., 11. und 12. Jahrhunderts. Innsbr. 1865/83.
H. Sudendorf, Urkundenbuch zur Geschichte der Herzöge von Braunschweig und Lüneburg und ihrer Lande. Th. 1. 8. Hannov. 1859. 1876.
Urkundenbuch, Asseburger. Th. 1. Hannov. 1876. (citiert: Asseb. UB.).
— Calenberger. Th. 1. 3. 8. Hannov. 1855. (citiert: Cal. UB.).
— des historischen Vereins für Niedersachsen. Th. 1. 4. Hannov. 1846. (citiert: UB. d. HV.).
— Lüneburger. Abth. 5: Archiv des Klosters Isenhagen. Hannov. 1870. (citiert: Lüneb. UB.).
F. Vogell, Versuch einer Geschlechtsgeschichte des Reichsgräflichen Hauses Schwicheld. Urkunden. Celle 1823.
St. A. Würdtwein, Subsidia diplomatica ad selecta iuris ecclesiastici et historiarum capita elucidanda. T. 1. 6. Heidelb. 1772. 1775.

Einleitung.

Die grossen Erfolge, welche v. Sickel und Ficker durch die Methode der Schriftvergleichung für die Kaiserurkunden erzielt hatten, gaben die Veranlassung, dieselbe auch auf die Privaturkunden anzuwenden. Bei dem bedeutenden Umfange dieses Gebietes war es die Aufgabe einer Reihe von Einzeluntersuchungen, die Vorarbeiten zu einer allgemeinen Lehre von den Privaturkunden zu liefern. Die Anregungen Fickers[1]) haben eine Anzahl grösserer und kleinerer Arbeiten gezeitigt. Die erste grössere Schrift war G. v. Buchwald, Bischofs- und Fürstenurkunden des 12. und 13. Jahrhunderts (1882). Er gelangt für die niedersächsische Privaturkunde zu dem Resultate, dass sie von dem Empfänger, bezw. der unbekannten Hand hergestellt ist. Dem gegenüber vertritt O. Posse in seiner Lehre von den Privaturkunden (1887) die Ansicht, dass seit dem Beginne des 13. Jahrhunderts neben der Fertigung durch den Empfänger auch die Herstellung durch den Aussteller nachweisbar ist. Zu demselben Ergebnis waren, wenn auch erst für die zweite Hälfte des 13. Jahrhunderts, schon vorher H. Jäkel für die Urkunden Heinrichs IV. von Breslau[2]) und M. Perlbach für die Mestwins II. von Pommerellen[3]) gelangt. Der erstere nimmt durchweg kanzleimässige Entstehung an, der zweite schreibt 51 Urkunden der Empfänger-, 27 der Ausstellerhand zu. Dagegen weist R. Knipping in seiner

---

1) BzU II, 469 ff.
2) Zeitschr. d. Vereins f. Gesch. Schlesiens. Bd. 14. 1878.
3) Preussisch-polnische Studien zur Geschichte des Mittelalters. Heft 2. 1886.

Untersuchung des Kölner Urkundenwesens [1]) für die erste Hälfte des 12. Jahrhunderts durchgehend Herstellung durch den Empfänger, nur in ganz wenigen Fällen durch den Aussteller, nach. Dieselbe Annahme finden wir bei Ph. Schneider für die schwäbische Privaturkunde [2]), obwohl er auf den graphischen Gesichtspunkt gar nicht eingeht [3]). Eine neuere Arbeit über die Urkunden Ottos des Kindes von E. Bergmann [4]) enthält bis jetzt nur eine Zusammenstellung der Formeln, doch ist eine Untersuchung der äusseren Merkmale und der Kanzlei in Aussicht gestellt. Ziehen wir noch einige Arbeiten über ausserdeutsche Privaturkunden [5]) heran, so kommen wir zu dem Ergebnisse: im 12. Jahrhundert überwiegt bei weitem die Herstellung durch den Empfänger, in der ersten Hälfte des 13. vollzieht sich ein Umschwung, bis gegen Ende desselben die kanzleimässige Ausfertigung Regel wird.

Diese Meinung bekämpft H. Bresslau, indem er mehr für die Herstellung durch den Aussteller auch schon im 12. Jahrhundert eintritt [6]).

Wie stellt sich zu diesen Ergebnissen eine Untersuchung der Urkunden der Bischöfe von Hildesheim im 12. und 13. Jahrhundert?

Grosse Verdienste um die Bearbeitung der Hildesheimer Geschichte hat sich H. A. Lüntzel erworben. Seiner Geschichte der Diöcese und Stadt Hildesheim (1858) liegen umfassende,

---

1) R. Knipping, Beiträge zur Diplomatik der Kölner Erzbischöfe des 12. Jahrhunderts. Diss. Bonn. 1889.

2) Archival. Zeitschr. Bd. 11. 1886.

3) Ebensowenig G. v. Bülow, Gero Bischof von Halberstadt nebst einem Anhange über die Diplomatik der halberstädter Bischöfe in der letzten Hälfte des 12. Jahrhunderts. Diss. Greifsw. 1871.

4) Beiträge zur Kenntnis des Urkunden- und Kanzleiwesens Otto's des Kindes. I. (Programm des Herzogl. Neuen Gymn. in Braunschweig. 1893.)

5) Die Untersuchungen von St. Krzyzanowski über das Urkundenwesen und die Kanzlei Przemyslaws I. von Grosspolen (1890) und von Fejerpataky über die Urkunden König Kolomans von Ungarn (1892). Die beiden in polnischer, bezw. ungarischer Sprache abgefassten Schriften sind mir nur aus den Rezensionen in MIÖG XIV, 507 ff. bekannt.

6) Handb. d. Urkundenl. I, 454 f.

zum grössten Teile auf urkundlichem Materiale beruhende Studien zu Grunde. Doch sind die einschlägigen Urkunden nur historisch verwertet. Für die diplomatische Untersuchung der Hildesheimer Bischofsurkunden ist bis jetzt noch nichts gethan. Von diesem Gesichtspunkte aus erschien eine Bearbeitung derselben durchaus wünschenswert.

Gern folgte ich daher der Anregung meines hochverehrten Lehrers, Herrn Professor Dr. Steindorff, die vorliegende Untersuchung auszuführen. Für die Förderung, die derselbe meiner Arbeit in ihrem weiteren Verlaufe in gütigster Weise angedeihen liess, sei ihm hier mein besonderer Dank ausgesprochen.

In den Archiven, die ich benutzte, fand ich überall das bereitwilligste Entgegenkommen, wofür ich an dieser Stelle meinen verbindlichsten Dank abstatte. Insbesondere fühle ich mich Herrn Geh. Archivrat Dr. Janicke in Hannover verpflichtet, der mir in liebenswürdigster Weise die Benutzung des Materials zu der seit längerer Zeit von ihm vorbereiteten Edition der Urkunden des Hochstifts Hildesheim gestattete. Auf diese Weise wurde mir die Sammlung des Stoffes, wenigstens für die Zeit von 1130—1221, wesentlich erleichtert.

1. Abschnitt.

Bestand und Überlieferung der Hildesheimer Urkunden. Inhaltsgruppen.

§ 1. Bestand und Überlieferung.

Es ist zweckmässig, mit der Untersuchung erst 1130, bei der Besteigung des bischöflichen Stuhles durch Bernhard I., einzusetzen. Für die ältere Zeit ist das überlieferte Urkundenmaterial zu gering, um uns Schlüsse auf die Herstellung zu gestatten[1]). Erst seit Bernhard haben wir eine grössere Fülle von Urkunden, so dass eine diplomatische Untersuchung nennenswerte Resultate erzielen kann.

Ein Abschluss mit Konrad II. (1221—46) ergab sich daraus, dass mit ihm gleichzeitig ein Abschnitt in der Hildesheimischen Geschichte endet. Der ganze Zeitraum hat gemeinsam die besonders auf das Geistliche gerichteten Bestrebungen, die sich in einer eifrigen Fürsorge für Kirche und Klöster zeigen. Mit Heinrich I. beginnt eine neue Periode, in der die geistlichen Interessen mehr zurücktreten und weltlichen Platz machen. Das liess auch eine einheitliche Untersuchung der Urkunden dieser Zeit wünschenswert erscheinen.

Die Zahl der uns erhaltenen Urkunden der acht Bischöfe von Hildesheim in der Zeit von 1130—1246 beträgt 489[2]), und

---

1) Die Zahl der Urkunden der neunzehn Bischöfe vor Bernhard beträgt insgesamt kaum zwanzig, von denen nur wenige im Originale erhalten sind.

2) Der grössere Teil derselben, nämlich 306, ist gedruckt.

zwar 377¹) Originale und 112 Nichtoriginale²). Auf die einzelnen Bischöfe verteilen sich Originale und Nichtoriginale folgendermassen:

Bernhard I.	(1130—53):	40 Urk.;	29 Or.	— 11 N.-Or.
Bruno	(1153—61):	22 Urk.;	13 Or.	— 9 N.-Or.
Hermann	(1161—70):	11 Urk.;	9 Or.	— 2 N.-Or.
Adelog	(1170—90):	55 Urk.;	41 Or.	— 14 N.-Or.
Berno	(1190—94):	11 Urk.;	10 Or.	— 1 N.-Or.
Konrad I.	(1194—98):	4 Urk.;	— Or.	— 4 N.-Or.
Hartbert	(1199—1216):	53 Urk.:	41 Or.	— 12 N.-Or.
Siegfried I.	(1216—21):	33 Urk.;	24 Or.	— 9 N.-Or.
Konrad II.	(1221—46):	260 Urk.;	210 Or.	— 50 N.-Or.
		Sa. 489 Urk.;	377 Or.	—112 N.-Or.

Die Hauptmasse des Materials lieferte das Königliche Staatsarchiv zu Hannover, nämlich 261 Originale³). Der Rest verteilt sich auf das Herzogliche Landeshauptarchiv zu Wolfenbüttel (26 Or.), das Königliche Staatsarchiv zu Magdeburg (3 Or.), die Beverinische Bibliothek, das Stadtarchiv, Städtische Museum und Godehardi-Pfarrarchiv zu Hildesheim (36, 5, 3 und 2 Or.), das Stadtarchiv zu Goslar (6 Or.), den diplomatischen Apparat der Universität Göttingen (19 Or.), die Klosterarchive zu Wienhausen, Loccum und Isenhagen (20, 3 und 2 Or.) das Gutsarchiv zu Dorstadt (19 Or.), die Universitätsbibliothek zu Leipzig, das Germanische Museum zu Nürnberg und die Urkundensammlung des Historischen Vereins für Niedersachsen (je 1 Or.).

---

1) Die Zahl erhöht sich auf 408, wenn wir die mehrfachen Ausfertigungen hinzurechnen. Es sind in doppelter Ausfertigung vorhanden Nr. 1. 8. 22. 33. 39. 97. 153. 154. 224. 232. 258. 275. 312. 328. 388. 390. 414. 422. 432. 444. 452, in drei- und mehrfacher Nr. 19. 297. 300.

2) Hierunter fasse ich alle Urkunden zusammen, die nicht als Originale gelten können, d. h. solche aus Kopialbüchern, Drucken u. s. w.

3) Dazu kommen noch einige Urkunden, die man der Schrift nach nicht als Originale bezeichnen kann, die aber durch ihre sonstigen äusseren Merkmale darauf Anspruch machen und teilweise unter die „Authenticate" v. Buchwald's zu rechnen sind. Es sind dies Nr. 9. 16. 26. 91. 107. 193b. 309b.

Von Kopialbüchern kamen die folgenden in Betracht, die ich zum weitaus grössten Teile selbst benutzt habe:

I. Aus dem Königlichen Staatsarchiv zu Hannover:

1. Cop. a. Kopialbuch des Domstifts (VI, 11), Papierhandschrift aus dem Anfange des 15. Jahrhunderts in Folio, 449 Bl. — 26 Stück.

2. Cop. b. Drei Kopialbücher des Klosters St. Michaelis: b^1 (VI, 75) Pergamenthandschrift des 14.—16. Jahrhunderts in 4°, 123 Bl.; b^2 (VI, 76) Papierhandschrift des 15. Jahrhunderts in Folio, 86 Bl.; b^3 (VI, 82 a) Papierhandschrift des 16. Jahrhunderts in Folio, 83 Bl. — b^1: 2 Stück; b^2 und b^3 je 1 Stück.

3. Cop. c. Diplomatar des Klosters Derneburg (VI, 106) Papierhandschrift des 16. Jahrhunderts in Folio, 50 Bl. — 1 Stück.

4. Cop. d. Kopie (VI. 49) auf Pergament mit vier Indulgenzbriefen aus der Zeit von 1210—52. — 1 Stück.

5. Cop. e. Copiarium privilegiorum ecclesie Verdensis (II, 125) Pergamenthandschrift, aus der ersten Hälfte des 14. Jahrhunderts in Folio, 43 Bl. — 1 Stück.

6. Cop. f. Copiarium vetus de Winhusen (IX, 265) Pergamenthandschrift des 14.—16. Jahrhunderts in Folio, 125 Bl. — 1 Stück.

II. Aus der Beverinischen Bibliothek zu Hildesheim:

1. Cop. g. Copionale monasterii s. Bartholomaei in Sulta. (Cod. ms. 324), Papierhandschrift des 16. Jahrhunderts in 8°, 264 Bl. — 3 Stück.

2. Cop. h. Kopialbuch des Klosters Lambspring verfertiget daselbst anno domini 1573 (Cod. ms. 530), Papierhandschrift in Folio, 400 Bl. — 2 Stück.

III. Aus dem Städtischen Museum zu Hildesheim:

Cop. i. Kopiar des Johannisstiftes (Cod. ms. 180), Pergamenthandschrift des 15. Jahrhunderts in Folio. — 2 Stück.

IV. Aus dem Herzogl. Landeshauptarchiv zu Wolfenbüttel:

1. Cop. k. Diplomatar des Klosters Walkenried, Pergamenthandschrift des 13. und 14. Jahrhunderts in gr. 4°, 218 Bl.[1]). — 2 Stück.

---

1) Es fehlen davon Bl. 48—50. 55. 72. 83. 85. 86. 88. 89. 91. 92. 133. 135. 137—42. 144—212. 214.

2. Cop. l. Zwei Kopialbücher des Klosters Amelungsborn [1]). l¹: Pergamenthandschrift (VII B, 111) des 13. Jahrhunderts in Folio, 41 Bl.; l²: Liber sancte Marie virginis perpetue in Amelungesborn, Pergamenthandschrift (VII B, 112) des 15. Jahrhunderts in Folio, 145 Bl. — l¹: 12 Stück; l²: 4 Stück.

3. Cop. m. Annales Stederburgenses, Pergamenthandschrift des 13. Jahrhunderts in Folio, 352 Bl. — 5 Stück.

4. Cop. n. Kopialbuch des Klosters Frankenberg bei Goslar, Papierhandschrift des Leibmedicus Kotzebue aus dem Jahre 1690 in kl. 4°, 139 Bl. — 4 Stück.

5. Cop. o. Kopialbuch des Gesamtarchivs (D I, 3), Papierhandschrift des 16. Jahrhunderts in Folio, 250 Bl. — 2 Stück.

V. Aus dem Stadtarchiv in Goslar:

Cop. p. Diplomatar des Klosters Neuwerk, Pergamenthandschrift des 14. Jahrhunderts in 4°, 64 Bl. — 5 Stück.

VI. Aus dem Gutsarchiv in Ringelheim:

Cop. q. Zwei Kopialbücher des Klosters Ringelheim q¹: Kopiar des Abts Heinrich Wirschius, Papierhandschrift des 17. Jahrhunderts in gr. 4°, 97 Bl.; q²: Kopiar des Abts Bernward Peuman, Papierhandschrift des 18. Jahrhunderts in Folio, 71 Bl. — q¹: 2 Stück; q²: 3 Stück.

VII. Aus dem Gutsarchiv in Dorstadt:

Cop. r. Kopialbuch des Klosters Dorstadt Pergamenthandschrift aus dem Jahre 1329 in 4°. — 1 Stück.

VIII. Aus dem Klosterarchiv zu Loccum:

Cop. s. Kopiar des Klosters Loccum, Papierhandschrift des 17. Jahrhunderts in Folio, 227 Bl. — 2 Stück.

IX. Aus dem Geheimen Staatsarchiv in Berlin:

Cop. t. Pergamenthandschrift (Signatur: h. I. D. 18. 4°) [2]). des 12. Jahrhunderts in 8°, 161 Bl. — 4 Stück.

---

1) Vergl. ZHV 1876, 205 ff.
2) Vergl. Jaffé 609.

X. Aus dem Königlichen Staatsarchiv in Münster.
1. Cop. u. Kopiar des Klosters Marienmünster, Papierhandschrift (Cod. ms. I, 129) des 15. und 16. Jahrhunderts in Folio, 80 Bl.¹) — 1 Stück.
2. Cop. v. Kopiar des Stifts Minden, Pergamenthandschrift (Cod. ms. VII, 2401) des 14. Jahrhunderts in Folio, 36 Bl. — 1 Stück.

XI. Aus der Stadtbibliothek in Trier:
Cop. z. Confluvium historicum monasterii beate virginis prope Boppard, Papierhandschrift (Cod. ms. 1693) aus dem Jahre 1773. — 1 Stück.

§ 2. Inhaltsgruppen.

Eine Scheidung der Urkunden nach der äusseren Form, in feierliche und nicht feierliche oder einfache Privilegien, ist nicht durchzuführen. Doch müssen wir bei Betrachtung der Urkunden nach der formalen Seite einen Unterschied zwischen **Privilegien** und **Briefen** machen. Zu der letzteren Kategorie zähle ich alle diejenigen Schriftstücke, welche eine spezielle Adresse haben, mögen sie an einzelne Personen oder an den Konvent eines Klosters oder Stiftes gerichtet sein, mögen sie nur Mitteilungen oder bischöfliche Verfügungen enthalten²). Litterae clausae habe ich unter dem Bestande nicht gefunden.

Es bleibt uns also übrig eine Gruppierung nach dem Inhalt. Ich habe mich darauf beschränkt, denselben in grösseren Gruppen unterzubringen.

Die Hauptmasse der Urkunden besteht aus **Schenkungsurkunden**. Die Rechtshandlung konnte verschieden sein. Im einen Falle schenkt der Bischof einem Kloster, Stift oder einer Kirche »ob remedium anime« Güter u. a. Zu dieser Klasse gehört jedoch nur ein kleiner Teil³). Weit häufiger ist der Vorgang

---

1) Vergl. Zeitschr. d. Westfäl. Altertumsvereins 45 II, S. 156.
2) Nr. 29. 31. 32. 53. 136. 218. 242. 278. 290. 321. 323. 334. 377.
3) Nr. 18. 23. 24. 26. 38. 39. 54. 71. 73. 78. 84. 94. 97. 110. 116. 137. 177. 207. 213. 226. 239. 259. 275. 292. 293. 304. 322. 338. 432. 440. 463. 467. 476.

so: die Empfänger der Urkunde haben bischöfliches Lehngut von den derzeitigen Inhabern gekauft, eingetauscht u. s. w. Die letzteren lassen das Gut ihrem Lehnsherrn auf, und dieser überträgt es dem Stift oder Kloster und bestätigt gleichzeitig seine Schenkung durch ein urkundliches Zeugnis. Fast ein Drittel der Gesamtzahl der Urkunden (etwa 160) gehört zu dieser Klasse.

Eine zweite Kategorie bilden die **Bestätigungsurkunden**. Die Objekte der Bestätigung sind mannigfaltig. Der Bischof bestätigt den Besitz und die Rechte eines Klosters oder Stiftes [1]), Tausch [2])- und Kaufverträge [3]), oder Schenkungen dritter Personen [4]). Daneben haben wir Bestätigung von Vergleichen [5]), Verpfändungen [6]), Verzichten [7]), Erlass von Zins und sonstigen Abgaben [8]) u. a. Auch Urkunden fremder Aussteller werden durch Transsumierung [9]) oder einen Bestätigungsvermerk [10]) bestätigt. Anders steht es mit einer kleineren Gruppe von Urkunden, in denen Bullen des Kardinals Otto und des Papstes Gregor IX. für die »sorores penitentes beate Marie Magdalene« inseriert sind [11]). Hier handelt es sich nicht um eine Bestätigung, sondern lediglich um eine Vervielfältigung derselben.

Eine weitere Klasse umfasst die **Verleihungen**. Zumeist werden Privilegien und Rechte [12]) verliehen, aber auch Vogtei

---

1) Nr. 1. 3. 9. 26. 27. 33. 37. 45. 46. 52. 58. 59. 61. 62. 68. 74. 76. 81. 90. 91. 99. 102. 111. 116. 121. 131. 140. 163. 164. 176. 189. 192. 221. 228. 229. 237. 253. 276. 342. 443. 488. 489.

2) Nr. 95. 123. 129. 142. 193. 236. 251. 390. 401. 420.

3) Nr. 13. 56. 60. 63. 86. 115. 125. 130. 133. 135. 139. 152. 158. 160. 191. 212. 230. 233. 235. 255. 314. 333. 336. 341. 343. 346. 347. 386. 394. 400. 421. 454. 455. 457. 479.

4) Nr. 21. 25. 39. 49. 50. 51. 70. 72. 78. 103. 153. 154. 180. 189. 201. 206. 215. 248. 216. 265. 270. 271. 291. 305. 310. 311. 381. 391. 412. 416. 433. 473.

5) Nr. 35. 36. 77. 149. 170. 193. 198. 219. 240. 256. 279. 280.

6) Nr. 155. 327. 409.

7) Nr. 199. 200. 244. 255. 264. 329. 413. 415. 483.

8) Nr. 69. 106. 484.

9) Nr. 344.

10) Nr. 400.

11) Nr. 262. 297. 300. 307. 358. 359. 370.

12) Nr. 4. 10. 26. 93. 110. 144. 182. 195. 253. 462. 474. 486.

und Archidiakonat¹), Lehen²), Renten³) und Gnadenjahre⁴). Hieran müssen wir die Gründungsurkunden von Klöstern⁵) und Kirchen⁶) reihen, da diesen gleichzeitig Rechte und Privilegien gegeben wurden.

Kleinere Gruppen bilden die **Gerichtsurkunden**, durch die entweder Streitigkeiten entschieden werden⁷), oder in denen die geschehene Beilegung eines Streites beurkundet wird⁸), ferner **Pfand-** und **Tauschurkunden**, in denen der Bischof Gut verpfändet⁹) oder vertauscht¹⁰).

Bannbriefe haben wir in Nr. 246. 323, die Lösung von der Exkommunikation wird in Nr. 173. 243 ausgesprochen. Der Bischof erlässt Rundschreiben (Nr. 249), erteilt Indulgenzen¹¹) und als Kreuzprediger das Kreuz (Nr. 247. 423).

Ein besonderes Interesse bietet Nr. 198, worin wir die erste **Wahlkapitulation** eines Hildesheimer Bischofs vor uns haben. In Nr. 222 finden wir dann einen **Rechenschaftsbericht** desselben Bischofs über seine Amtsthätigkeit.

Auf den Inhalt der Briefe habe ich oben schon kurz hingewiesen.

Hieran knüpft sich die Frage nach den **Bezeichnungen** für die Urkunden in diesen selbst. Mehrfach haben wir in einer Urkunde verschiedene Ausdrücke, einmal in der Grussformel oder auch der Promulgatio, dann in der Corroboratio. Sehen wir von Wörtern, wie donatio, traditio u. a., bei denen es zweifelhaft ist, ob wir darin eine Bezeichnung für die Urkunde oder nur für die Handlung zu erblicken haben, ab, so überwiegen

---

1) Nr. 99. 101. 141. 158. 181. 207. 214. 258. 299. 313. 320. 406.
2) Nr. 34. 92. 105. 136. 148. 257. 263. 279. 326.
3) Nr. 274.
4) Nr. 65. 76. 477. 478.
5) Nr. 22. 82. 114. 122. 309.
6) Nr. 7. 11. 16. 28. 30. 67. 88. 112. 159. 165. 166.
7) Nr. 83. 107. 127. 264. 285. 287. 472.
8) Nr. 75. 134. 190. 227. 231. 288. 396. 460.
9) Nr. 66. 234. 283. 289. 312. 353.
10) Nr. 118. 128. 204. 303. 367.
11) Nr. 117. 179. 282. 370. 469.

im Eingange der Urkunden scriptum, seltener scripta (Nr. 57) und littere, minder häufig littera, in der Corroboratio dagegen scriptum und pagina. Daran reiht sich dann eine ganze Anzahl anderer Ausdrücke, einfache und zusammengesetzte. Zu den ersteren gehören: carta, weniger häufig cartula [1]), privilegium [2]), instrumentum [3]), cedula [4]), scriptura (Nr. 82. 252). Nur je einmal finden wir Bezeichnungen wie testamentum (Nr. 11), manuscriptum (Nr. 18), tabula (Nr. 20), libellus (Nr. 62), annotatio (Nr. 85). Von Verbindungen sind zu nennen: pagine scriptum [5]), testimonii pagina [6]), scripti privilegium (Nr. 47. 61. 74. 78) scripti patrocinium (Nr. 330. 401) [7]), scripture patrocinium (Nr. 399), constitutionis pagina [8]), confirmationis pagina (Nr. 3), confirmationis carta (Nr. 94), approbationis pagina (Nr. 420) privilegii tabula (Nr. 10), und pagine testimonium (Nr. 44. 85). Auffällig ist die Bezeichnung cyrographi scripta (Nr. 3), obwohl sich von Chirographierung keine Spur findet. Die spezielle Bedeutung von cyrographum hat sich also verwischt [9]). Zum Schlusse erwähne ich noch einige Zusammensetzungen, wie testimonialis littera [10]), testimonialis pagina [11]), littera auctentica (Nr. 400).

---

1) Nr. 199. 285. 287. 347. 352.
2) Nr. 15. 17. 22. 26. 27. 43. 114. 142. 214. 439.
3) Nr. 165. 166. 211. 357. — In Nr. 73. instrumentum seu pagina.
4) Nr. 284. 317.
5) Nr. 16. 24. 110. 158. 166. 171. 367. Selten paginule scriptum (Nr. 89).
6) Nr. 6. 30. 35. 48.
7) Wohl aus den päpstlichen Urkunden entlehnt.
8) Nr. 51. 55. 74. 79. 84. 88. 94. 131. 237.
9) Ähnlich heisst es in einer Urkunde des Bischofs Gebhard von Merseburg von 1335 März 3. (Or. Domkapitelarchiv in Merseburg Nr. 237): et presenti cyrographo in dei nomine confirmamus, obwohl die Urkunde nur besiegelt ist.
10) Nr. 314. 391. 403.
11) Nr. 45. 58. 375.

2. Abschnitt.

Beurkundungsgeschäft, bischöfliche Notare und Empfänger der Urkunden.

§ 1. Gang der Beurkundung.

Über den Gang der Beurkundung müssen wir uns aus den Urkunden selbst ein Bild machen, da alle sonstigen Quellen hierüber keinen Aufschluss geben.

In einigen Fällen geht der Ausstellung einer Urkunde voraus eine Petition seitens des Empfängers. Gewöhnlich erscheinen als Petenten der Abt oder Propst eines Klosters oder Stiftes, so z. B. in Nr. 14 der Abt von Amelungsborn, in Nr. 20 der Propst von Georgenberg, in Nr. 26 der Propst von St. Bartholomäi zur Sülte, in Nr. 33 der Propst von Lamspringe u. a. Weit seltener ist das Vorkommen von Intervenienten. Mir ist als einziges Beispiel Nr. 309 bekannt, wo die Herzogin-Wittwe Agnes als Intervenientin auftritt.

Als die erste Stufe der Beurkundung haben wir, wie in den Königsurkunden, den Beurkundungsbefehl anzusehen, der vom Bischof erteilt wird, wenn die Ausstellung einer Urkunde über irgend eine Handlung vorbereitet war. Meistens ist er in der Corroboratio enthalten, z. B. Nr. 65. presentem inde paginam conscribi et presentis sigilli karactere ... iussimus insigniri; Nr. 252: nostre liberalitatis factum in scriptum redigi fecimus et sigilli nostri munimine roborari. Seltener steht er in der Unterschrift des Notars, wie in Nr. 81: Ego Johannes Backenrodensis prepositus domini mei Adelogi venerabilis episcopi capellanus pro ipsius iussione hanc cartam conscripsi et concriptam dedi; Nr. 94: Ego Johannes ... hanc cartam confirmationis iubente domino meo Adelhogo episcopo conscripsi et scriptam dedi.

Aus diesen beiden Fällen ersehen wir zugleich, wer den Ausfertigungsbefehl erhält. Es ist der bischöfliche Notar. Auf die Frage, wie weit dieser an der Ausführung des Befehls beteiligt ist, werde ich später eingehen.

Auch in den Urkunden, deren Mundierung auf den Empfänger zurückzuführen ist, haben wir einen vorausgehenden Beurkundungsbefehl anzunehmen. Es wurde dann die Reinschrift dem Aussteller überbracht, der sie zu vollziehen hatte. Häufig wurden dann erst einzelne Teile hinzugefügt. Manchmal ist diese Nachtragung aus uns unbekannten Gründen unterblieben, und nur das Siegel hinzugefügt [1]).

Nachdem der Beurkundungsbefehl erlassen war, wurde zunächst ein Konzept angefertigt, obwohl kürzere Urkunden auch ohne Konzept hergestellt sein können. Originalkonzepte sind uns nicht erhalten. Doch dürfen wir nach Analogie anderer Privaturkunden die Existenz solcher annehmen.

Nach diesen Konzepten wurde dann die Reinschrift hergestellt. Auf die Frage, ob Konzipist und Reinschreiber eine und dieselbe Person sind, werde ich später zurückkommen. Die Reinschrift ist nicht immer in einem Zuge geschrieben. Führt Posse eine Reihe von Urkunden an, bei deren Mundierung mehrere Schreiber thätig waren [2]), so habe ich unter den Hildesheimer Urkunden nur einige gefunden, in denen die Tinte, nicht aber die Hand wechselt. So sind in Nr. 254 die Corroboratio, Zeugen und Datierung mit anderer Tinte geschrieben, und in Nr. 257 beginnt mit den Worten: Et exceptis decimis novalium super Dalenhusen... neue Tinte.

Nachträge von Namen und Titel in Urkunden von Empfängerhand, wie sie Posse in einer Reihe von Urkunden als eine seitens des Ausstellers geübte Kontrole der Reinschrift nachweist, habe ich nicht gefunden.

---

1) Wenn wir nicht ein besiegeltes Blankett annehmen wollen.
2) a. a. O. 90.

Selten finden wir in unseren Urkunden Bemerkungen über eine Verlesung derselben, die in anderen Privaturkunden häufig erwähnt wird. Nur in zwei Urkunden ist davon die Rede. Ficker ist der Ansicht [1]), dass nicht die Reinschrift, sondern das Konzept verlesen, diesem die bezügliche Bemerkung zugefügt und dann erst die Reinschrift gefertigt und besiegelt wurde. Dazu stimmt völlig Nr. 82. Die Datierung lautet: Actum et recitatum est hoc Hildenesheim in domo nostra episcopali anno MCLXXIV, ind. VIII., XIV. Kal. Nov. ... (es folgen die Zeugen) ... Data per manum Joannis Backenrodensis prepositi XII. Kal. Nov. Die Verlesung erfolgte also zwei Tage vor der Übergabe. Die Verbindung von actum et recitatum lässt uns den Vorgang so denken: Am 19. Okt. fanden die Verhandlungen über die Schenkungen statt, es wurde ein Akt darüber aufgenommen, dieser verlesen und darnach die Reinschrift hergestellt, die am 21. Okt. dem Empfänger ausgehändigt wurde. Anders könnte die Sache in Nr. 33 liegen. Hier lautet die Datierung: Data et recitata est hec pagina in monasterio sancte Marie Hild. coram ecclesia in generali synodo ... Die Verbindung mit data könnte auf ein Verlesen der Reinschrift hinweisen. Die Verlesung war beabsichtigt, ein Vermerk hierüber in die Reinschrift aufgenommen. Auffällig ist jedoch die Stellung hinter data, denn es ist doch gewiss nicht anzunehmen, dass die Verlesung nach der Übergabe an den Empfänger erfolgte. Wir müssten sonst data auf eine andere Stufe der Beurkundung, nämlich auf die Übergabe an den Aussteller, oder etwa auf die Handlung beziehen. Aus dem spärlichen Material, das uns über eine Verlesung etwas berichtet, ist eine Entscheidung der Frage, ob Verlesung des Konzeptes, ob der Reinschrift, unmöglich.

Nach Fertigstellung der Reinschrift erfolgte die Beglaubigung durch den Aussteller in Gestalt der Besiegelung. Freilich müssen wir einzelne Fälle ausnehmen, in denen Vorausbesiegelung anzunehmen ist. Sind uns auch keine besiegelten Blankette erhalten, so liegt doch kein Grund vor, die Existenz solcher

---

1) BzU II, 104.

abzuweisen. Bei den angehängten Siegeln lässt sich über den Zeitpunkt der Besiegelung nichts sagen. Günstiger steht es bei den aufgedrückten. In Nr. 19 c haben wir unzweifelhaft Vorausbesiegelung anzunehmen, da die Schrift dem Siegel ausweicht. Zu der gleichen Annahme kommen wir wohl bei Nr. 145. Der untere Teil der Urkunde ist an zwei Stellen eingeschnitten, so dass drei Streifen entstehen. Der mittelste ist umgeschlagen, und auf ihm das Siegel quer mit einem Pergamentstreifen befestigt. Die Streifen zu beiden Seiten sind mit den Namen der Zeugen beschrieben. Also auch hier haben wir Vorausbesiegelung, oder wenigstens war die Stellung des Siegels vorgesehen, so dass die Schrift demselben ausweichen konnte. Ein Fall, aus dem mit Sicherheit hervorgeht, dass die Besiegelung erst nach der Fertigstellung der Reinschrift erfolgte, bildet Nr. 94. Hier sind die Worte der Datierung episcopo conscripsi et scriptam dedi wiederholt, da die zuerst geschriebenen vom Siegel bedeckt wurden.

Beachten wir die Form der Siegelankündigung in der Corroboratio, so müssen wir einen Unterschied machen. In der älteren Zeit und auch später vereinzelt finden wir die Form impressione sigilli nostri firmavimus et corroboravimus (Nr. 23), impressione sigilli nostri . . . signavimus (Nr. 25), später jedoch meist sigillo signari precepimus (Nr. 93), fecimus sigillo communiri (Nr. 149) u. s. w. Im ersteren Falle können wir eigenhändige Besiegelung durch den Bischof annehmen, während im zweiten wohl der Notar des Bischofs den Auftrag dazu erhielt.

War so die Urkunde fertiggestellt, so erfolgte die Aushändigung an den Empfänger. Hier müssen wir die Frage nach der Bedeutung der Formel »datum per manus« erörtern. Die Meinung Ficker's[1] geht dahin, dass dieselbe sich auf die Aushändigung an den Empfänger beziehe und bezeichnet sie demgemäss als Aushändigungsformel, dagegen ist Bresslau[2], wenigstens für die Papsturkunden, zu der Ansicht gelangt, dass in dieser Formel der Zeitpunkt der Beglaubigung oder der päpstlichen Unterschrift ins Auge gefasst sei. Posse ist der

---

1) BzU II, 221.
2) I, 869.

Ansicht — und ich schliesse mich ihm an — dass in den Privaturkunden die Formel mit der Bedeutung der Übergabe an den Empfänger auch die einer Art Rekognition verbunden habe. An Wahrscheinlichkeit gewinnt diese Annahme durch den Umstand, dass in Nr. 65 auf dem Buge der Urkunde von der Hand des Schreibers die Notiz steht: Gocelinus sancti Mauritii diaconus recognovit. In allen übrigen Urkunden, in denen Gocelin als Datar erscheint, ist datum per manum gebraucht. Zur Gewissheit wird uns die Annahme, dass »dare« eine Rekognition in sich schliesst, wenn in einigen Urkunden mit getrennter Datierung das dem actum entsprechende datum durch recognitum ersetzt ist, wie z. B. in Nr. 58[1]). 172. 174. 184, dass aber data nicht allein die Bedeutung der Rekognition hat, ergiebt sich aus dem oben erwähnten Beispiele Nr. 65, denn ausser dem Rekognitionsvermerk haben wir noch in der Datierung: Actum ... data Hild. X. Kal. Sept.

§ 2. Die bischöflichen Notare.

Seit der Mitte des 12. Jahrhunderts finden wir eine fortlaufende Reihe bischöflicher Notare. Der bischöfliche Notar scheint gleichzeitig auch Kapellan des Bischofs gewesen zu sein, wenigstens bezeichnet sich der Propst Johannes von Backenrode selbst als solchen (Nr. 81), und auch die anderen Notare finden wir zum Teil als capellani, z. B. Konrad in Nr. 163 u. s. w. Die Funktionen der Notare waren verschiedene. Eine Reihe von Urkunden haben sie konzipiert, wie sich aus der Stilvergleichung ergiebt. Auch Nr. 288 dürfte aus der Feder des als Datar genannten Notars Heinrich vom Heil. Kreuze herrühren, da er die unter den Zeugen aufgeführten Angehörigen des genannten Stifts als concanonici nostri bezeichnet. Dies ist nur verständlich, wenn es im Sinne des konzipierenden Notars gedacht ist. Doch eine grosse Anzahl kann nicht von den in ihnen erwähnten Notaren verfasst sein, obwohl der Magister

---

1) Dieses Beispiel führt auch Ficker BzU II, 227 an.

Ludolf eine Abfassung der Urkunde durch die Notare annimmt [1]). Vielmehr bin ich der Ansicht, dass ihre Erwähnung als Zeugen oder auch als Datare [2]) der Urkunde eine grössere Glaubwürdigkeit verschaffen sollte. Dies scheint mir durch die Annahme von der Bedeutung des »datum per manus« noch bestätigt zu werden. Gesichert wird sie durch den Vermerk: Gocelinus ... recognovit, der doch offenbar den Zweck der Rekognition in den Kaiserurkunden hat. Die weiteren Funktionen der Notare werden die Beglaubigung der Urkunden durch die Besiegelung und die Übergabe an den Empfänger gewesen sein. Für die erstere spricht der Siegelungsbefehl in der Corroboratio, denn der Notar war doch der nächste, der den Befehl zur Siegelung erhalten konnte. Die Aushändigung an den Empfänger wird uns durch die Formel »datum per manus« gesichert.

Überblicken wir die Reihe der bischöflichen Notare, so ergiebt sich eine gewisse Stetigkeit in der Zugehörigkeit derselben. Die Reihe wird eröffnet mit einem Diakon des Stiftes St. Mauritii, ihm folgt der Propst von Backenrode, ein Kanoniker des Domstifts. Von diesem Zeitpunkte ab finden wir meist Angehörige des Stifts zum Heiligen Kreuze, die um 1230 von denen des Stifts zu St. Andreas abgelöst werden. Dazwischen finden sich nur vereinzelt Notare, die keinem dieser beiden Stifter angehören.

Ich gebe im Folgenden ein Verzeichnis der Notare mit Angabe der Quellen.

1. Gozelin.

Sein Name begegnet uns in Urkunden zuerst im Jahre 1156 [3]), wo er Subdiakon des Stifts St. Mauritii und Kapellan des Bischofs war. Um das Jahr 1162 wurde er Diakon. Schon vorher aber erscheint er als bischöflicher Notar in Nr. 62. Dieses Amt hat er bis 1173 bekleidet. In den Jahren 1184 und 1185 wird er noch als decanus de Monte genannt (Nr. 111. 112),

---

1) QE IX, 384: Taliter scribat episcopus privilegia sua, et notarius suus talia simplicia proemia debet habere in mente sua.
2) In Nr. 336. 480 werden dieselben als Zeugen und Datare genannt
3) Nr. 48.

von einer notariellen Thätigkeit ist aber keine Rede mehr. Als Notar wird er genannt in:

Nr. 62: Datum per manum Gozelini notarii. — Nr. 65: Gocelinus sancti Mauritii diaconus recognovit. — Nr. 74. 78: Datum . . . per manum Gocelini notarii. — Nr. 75: Datum . . . per manum Gocelini notarii, ecclesie sancti Mauritii diaconi. — Nr. 76: Datum . . . per manum Gocelini sancti Mauritii diaconi.

2. Johannes.

Er erscheint in Urkunden als Zeuge schon im Jahre 1162. Im Jahre 1180 war er verstorben (Nr. 97: quondam prepositus). Als Notar finden wir ihn in:

Nr. 81: Ego Iohannes Backenrodensis prepositus domini mei Adelogi venerabilis episcopi capellanus ipsius iussione hanc cartam conscripsi et conscriptam dedi. — Nr. 82. 89: Data per manum Ioannis Backenrodensis prepositi. — Nr. 85, Zeuge: Iohannes Backenrodensis prepositus qui hanc annotacionem scripsi scriptamque donavi. — Nr. 94: Ego Iohannes Backenrodensis prepositus hanc cartam confirmationis . . . conscripsi et scriptam dedi.

3. Hartmann.

Wir sehen ihn häufiger in Urkunden als Zeugen auftreten. Im Jahre 1201 finden wir ihn als Dechant seines Stifts in Nr. 145. In seiner notariellen Thätigkeit begegnet er uns:

Nr. 98. 99. 101: Data . . . per manum Hartmanni diaconi sancte Crucis. — Nr. 108: Datum per manus Hartmanni notarii. — Nr. 111: Datum per manum Hartmanni diaconi.

4. Gerung.

Auch er gehörte, wie sein Vorgänger Hartmann, dem Stifte zum Heiligen Kreuze an. Als Notar erscheint er in:

Nr. 114, Zeuge: magister Gerungus de sancta Cruce qui hoc privilegium conscripsit. — Nr. 130, Zeuge: Gerungus notarius. — Urk. v. 1187 (Bode I, 311), Zeuge: Gerungus dyaconus et canonicus sancte Crucis notarius episcopi [1]).

5. Konrad [2]).

Als bischöflicher Kapellan tritt er uns schon 1206 entgegen (Nr. 162). Identisch ist er jedenfalls mit dem subdiaconus et

---

1) Hierauf scheint die Notiz zu beruhen, in der ihn Lüntzel a. a. O. II, 24 zum Jahre 1184 verzeichnet.

2) Den Propst Eckehard von St. Georgenberg haben wir nur einmal als Datar (Nr. 131). Ob er überhaupt bischöflicher Notar war oder nur aus-

canonicus sancte Crucis, der in der Urkunde des Propstes Ludold zum Heil. Kreuze¹) erscheint. Als Notar begegnet er uns in: Nr. 173 Zeuge: Conradus curie nostre notarius. — Nr. 174. 177. 178. 186. 188. 194. 195, Zeuge: Conradus notarius. — Nr. 176: Datum per manus Conradi. — Nr. 184, Zeuge: Conradus scriptor.

6. Ludolf.

Auch er war Kanoniker des Stifts zum Heil. Kreuze. Der Name eines Kanonikers dieses Stifts erscheint mit dem Amte eines Notars verbunden bis zum Jahre 1236. Haben wir darunter eine und dieselbe Person zu verstehen? Grotefend scheidet in seiner Untersuchung über den Verfasser der Summa magistri Ludolfi²) den Notar Ludolf in den Jahren 1217—21 von dem, der Ende der zwanziger und Anfang der dreissiger Jahre als Notar genannt wird. Einen sicheren Anhaltspunkt haben wir weder hierfür noch für eine Identifizierung. Wenn Grotefend anführt, dass er nicht als magister bezeichnet werde, so ist dieser Grund nicht stichhaltig, denn der in den Urkunden von 1229 Mai 15 (Nr. 267) und 1235 Sept. 10 (Nr. 332) genannte führt ebensowenig den Magistertitel, erst in Nr. 336 wird er so genannt. Auch der zweite Grund, dass ein Zusammenhang mit Bischof Konrad ihm nicht nachgewiesen werden könne, ist hinfällig, da er nachher selbst anführt, dass magister Ludolphus canonicus sancte Crucis in zahlreichen Urkunden aus den Jahren 1221—36 genannt werde, während er den ersten Ludolf noch 1221 erwähnt. Da in diesem Jahre Bischof Konrad den bischöflichen Stuhl bestieg, so kann sehr wohl der bisherige Notar Siegfrieds zu dem neuen Bischof in Beziehung getreten sein. Allerdings auch für eine Identifizierung haben wir keine gewichtigen Gründe, und bei der Häufigkeit des Namens Ludolf ist die Möglichkeit, dass wir es mit verschiedenen Personen zu thun haben, nicht ausgeschlossen. Aus der Stilvergleichung

---

nahmsweise mit der Aushändigung der Urkunde betraut war, ist fraglich. Ähnliche Fälle verzeichnet Posse a. a. O. 175. — Einen Chono notarius, den Lüntzel zum Jahre 1206 ansetzt, giebt es nicht. In der Urkunde, der offenbar L.'s Angabe entnommen ist (Nr. 162), steht Chono portarius.

1) Doebner I, 69.
2) ZHV 1871, 38.

der Urkunden, in denen der Notar Ludolf genannt wird, lässt sich nichts entnehmen. Meiner Ansicht nach ist es derselbe Ludolf, der in den Jahren 1217—21 und der 1229. 1235. 1236. 1241 als Notar thätig war. Der Grund, weshalb er mit Unterbrechung die Stelle des Notars bekleidete, entzieht sich unserer Kenntnis. Ebenso sind wir über seine späteren Lebensschicksale im Unklaren, da wir nicht mit Sicherheit wissen können, ob der spätere Dechant und der Propst des Kreuzstiftes mit dem früheren Kanoniker und Notar identisch sind. Als Notar finden wir ihn:

Nr. 199. 201. 203, Zeuge: Ludolfus notarius. — Nr. 209, Zeuge: Ludolfus canonicus sancte Crucis et notarius. — Urkunde von 1218 (Origg. Guelf. III, 895), Zeuge: Ludolfus notarius episcopi. — Nr. 223, Zeuge: Ludolphus[1]) notarius canonicus sancte Crucis. — Nr. 267. 332, Zeuge: Ludolfus canonicus sancte Crucis scriptor noster. — Nr. 336: Datum ... per manum notarii nostri magistri Ludolfi canonici sancte Crucis. — Nr. 427, Zeuge: Ludolphus scriptor.

7. Heinrich.

Auf die Identifizierung des Notars Heinrich in Nr. 226 mit dem Kanoniker des Kreuzstifts werden wir später zurückkommen. Als Notar erscheint er:

Nr. 226, Zeuge: Henricus scriptor. — Nr. 264, Zeuge: Henricus canonicus sancte Crucis notarius noster. — Nr. 288: Datum per manus notarii nostri canonici sancte Crucis.

8. Propst Heinrich von Bingen.

In Nr. 286 wird unter den Zeugen Henricus Pinguensis notarius noster genannt. Mit dem eben erwähnten Heinrich ist er kaum zu identifizieren. In den Urkunden des Erzbischofs Siegfried und des Domkapitels von Mainz von 1226 Febr. 26 wird als Zeuge ein Propst Heinrich von Bingen (Pinguensis prepositus) genannt. Derselbe Mann erscheint auch noch in anderen Mainzer Urkunden[2]). Gegen 1230 verschwindet er aus diesen, und in diesem Jahre finden wir den obengenannten Henricus Pinguensis als Notar des Bischofs von Hildesheim. Eine Identifizierung beider Persönlichkeiten liegt daher sehr nahe.

---

1) Das Rudolphus des Kopialbuchs ist nur ein Fehler des Abschreibers.
2) Vergl. Guden, Cod. dipl. II, 38. 39. 56.

9 a. b. Johannes.

In den Jahren 1230—35 finden wir in den Hildesheimer Urkunden mehrfach den Namen eines Notars Johannes. Doch müssen wir hier zwei Personen auseinanderhalten. In der Zeit von 1230—34 ist ein Kanoniker des Domstifts, 1235 dagegen ein Angehöriger des Stifts zu St. Andreas bischöflicher Notar. Den Beweis, dass wir es mit zwei verschiedenen Persönlichkeiten zu thun haben, liefert uns die Urkunde des Domkapitels zu Goslar von 1232 Aug. 18[1]), wo neben einander Johannes canonicus sancti Andree und Johannes scriptor genannt werden. Der letztere wird dann in Nr. 316 als canonicus maioris ecclesie bezeichnet. Der erstere erscheint zuerst in Nr. 317 als Notar. In den Urkunden begegnen sie uns:

a. Johannes, Kanoniker des Domstifts, Nr. 274, Zeuge: Johannes notarius episcopi. — Nr. 284, Zeuge: Johannes notarius noster. — Nr. 295, Zeuge: Johannes scriptor. — Nr. 316: ... maioris ecclesie canonico Johanne scriptore nostro...

b. Johannes, Kanoniker des Stifts zu St. Andreas, Nr. 317, Zeuge: Johannes cannonicus sancti Andree notarius noster. — Nr. 318. 330. 331, Zeuge: Johannes scriptor. — Nr. 329. 350, Zeuge: Johannes notarius noster.

10. Gottfried[2]).

Dieser Notar war zuerst Kanoniker in Ölsburg, wurde aber bald Scholaster des Stifts zu St. Andreas in Hildesheim. In Urkunden wird er genannt:

Nr. 362. 364, Zeuge: Godefridus canonicus in Alsburch scriptor noster. — Nr. 360. 361. 393. 403. 404. 407. 425. 439, Zeuge: Godefridus scriptor. — Nr. 366: Datum per manum magistri Godefridi notarii nostri. — Nr. 372. 388. 457: Godefridus notarius. — Nr. 376. 382. 411. 418. 426. 453, Zeuge: Magister Godefridus scolasticus sancti Andree scriptor noster. — Nr. 431, Zeuge: Godefridus scriptor noster canonicus sancti Andree.

11. Jordanis.

Mit dem Jahre 1243 (etwa im Februar) macht der Notar Gottfried dem Notar Jordanis Platz[3]). Über seine Zugehörigkeit

---

1) Bode I, 517.

2) Die Notiz bei Lüntzel II, 24, nach der 1232 und 1246 ein Notar Gottfried vorkommen soll, scheint auf einem Irrtum zu beruhen.

3) Der Widerspruch mit Nr. 453. 457 ist nur scheinbar. Er verschwindet, wenn wir in Nr. 453 die Handlung in den Januar oder Februar 1243, die

lässt sich mit Bestimmtheit nichts sagen, doch werden wir nicht fehlgehen, wenn wir ihn mit dem unter den Zeugen von Nr. 472 genannten Jordanis canonicus sancti Andree identifizieren. Als Notar wirder genannt:

Nr. 447. 452b [1]). 458. 461, Zeuge: Jordanis scriptor. — Nr. 451. 460. 464. 466. 467. 468. 479, Zeuge: Jordanis notarius noster. — Nr. 463. 480: Datum . . . per manus notarii nostri Jordanis.

§ 3. Die Empfänger der bischöflichen Urkunden.

Zum besseren Verständnis der Ausführungen des dritten Abschnittes halte ich es für zweckmässig, ein Verzeichnis der Empfänger der bischöflichen Urkunden vorauszuschicken. Nach den Empfängern lassen sich dieselben folgendermassen ordnen[2]):

A. Geistliche Empfänger.

I. Hochstift Hildesheim: Nr. *179* [3]). *249. 324.*
II. Klöster, Stifter und Kirchen der Diöcese Hildesheim.
  a) Klöster und Stifter in der Stadt Hildesheim:
    1. Stift zu St. Andreas: Nr. *140.* 144. 152. 153. 178. 180. 189. 192. 207. 208. 224. 264. 402. 472.
    2. Stift St. Bartholomäi zur Sülte: Nr. *26. 52.* 245. 284. *394. 397.* 400.
    3. Domkapitel: Nr. *13.* 23. 25. *28.* 34. *38.* 56. 93. *141.* 149. 155. *159.* 164. 198. *220.* 221. 222. *240.* 257. *259. 278.* 280. *282 288. 289. 290. 294.* 299. 302. 303. *305.* 313. 320. *321.* 322. 327. 329. 336. 348. 349. 351. *353.* 361. 391. *416.* 421. 422. 481.
    4. Kloster St. Godehardi: Nr. 21. 22. 59. 70. 71. 81. 102. 111. 116. 211. 233. 252. *263.* 445. 479.
    5. Stift St. Johannis: Nr. 147. 154. *175.* 181. *182.* 194. 219. 260. 261. 293. 316. 380. 385. *395.* 409. 474. 478.
    6. Stift zum Heil. Kreuze: Nr. 65. 76. 99. 101. 106. 110. 150. 197. 231. 271. 285. 287. 308. 333. 360. 387. 396. 413. 415. 459. 460. 485.
    7. Kloster der Schwestern beate Marie Magdalene: Nr. 262. 272. 297. 300. 307. 335. 354. 358. 359. 383. 384. 412. 433. 436. 442. 452. 458. 461.

Beurkundung erst in die zweite Hälfte des Jahres setzen. In Nr. 457 müssen wir die Datierung auf die Beurkundung, die Zeugen auf die Handlung beziehen.

1) In 452 a wird er als Jordanis clericus noster bezeichnet.

2) Diesem Verzeichnis lassen sich nicht einreihen Nr. 243. 246. 247, da bei ihnen von Empfängern eigentlich nicht die Rede sein kann. Vergl. das Urkundenverzeichnis.

3) Die kursiv gedruckten Nummern sind nicht im Originale vorhanden.

8. Stift St. Mauritii auf dem Berge: Nr. 37. 47. *107*. 124. 169. *227*. 328. 362. 364. 399. 435.
9. Kloster St. Michaelis: Nr. 5. 6. *9*. 12. *57*. 64. *69*. 126. 127. 137. 156. 160. *170*. 265. *301*. 388. 414. 432.
10. Kloster der Minoriten: Nr. *487*.
11. Kloster der Predigermönche: Nr. 488.

b) Klöster und Stifter in den übrigen Teilen der Diöcese:
1. Kloster Amelungsborn: Nr. *14. 54. 55*. 73. *84. 95. 96*. 109. 113. 119. 128. *142. 143*. 161. *196. 199*. 470.
2. Stift St. Blasien (Braunschweig): Nr. *206*. 213. 248. 326. 350.
3. Kloster Bockel: Nr. 39.
4. Kloster zur Clus: Nr 8. 41. 121. 228. 368.
5. Stift St. Cyriaci (Braunschweig): Nr. 441. 444.
6. Kloster Derneburg: Nr. 19. *172*. 184. 186. 238. 250. 269. 275. *276*. 281. 345. 352. 369. 373. 404. 425. 471.
7. Kirche und Kloster Dorstadt: Nr. 60. 83. 122. 138. 139. 176. 188. 203. 209. 210. 225. 251. 268. 337. 340. 344. *389*. 403. 419. 439. 489.
8. Kloster Escherde: Nr. 151. 183. 212. 270. 341. 342. 343. 355. 356. 367. 392. 424. 427. 455.
9. Kloster Frankenberg: Nr. 365. 370. *378. 398*. 440. *443*. 448. *449*. 473.
10. Kloster Gandersheim: Nr. 103. 217.
11. Kloster Georgenberg: Nr. 2. 3. 17. 18. 20. 35. 36. 45. 48. 77. 254.
12. Kloster Heiningen: Nr. 10. 15. 79. 85. *91*. 130. 216. 296. 420. 450.
13. Kloster Isenhagen: Nr. 463. 476. 480.
14. Kloster Lamspringe: Nr. 33. 60. 63. *90*. 94. 104. *125*. 158. 185. 190. 201. 325. 363. 406.
15. Kloster Marienrode (Backenrode): Nr. 1. 24. 97. 129. 145. 193. 229. 237. 298. 379. 410. 411.
16. Kloster Neuwerk: Nr. 114. *168*. 174. 191. 239. 266. 286. *292*. 306. 339. 357. *372*. 374. *375. 393*. 405. 418. 447. 466. *467*. 468. 469. 482.
17. Kloster Ölsburg: Nr. *277*.
18. Stift St. Petri (Goslar): Nr. 72.
19. Kloster Riddagshausen: Nr. 115. 133. 304. 314. 430.
20. Kloster Riechenberg: Nr. 4. 7. 40. 43. 44. 46. 49. 50. 78. 89. 100. 118. 171. 200. 310. 312. 475.
21. Kloster Ringelheim: Nr. *42. 146. 223. 235. 454*.
22. Kloster Stederburg: Nr. *132. 173. 205. 214. 215. 232. 408. 483*.
23. Kirche zu Wienhausen: Nr. 195. 267. 295. — Kirche zu Brockel: Nr. 226. — Kloster Wienhausen: Nr. 309. *315*. 317. 318. 330. 331. 332. 382. 407. 426. 428. *434*. 437. 438. 451. 457. 464. 465.

24. Kloster Wöltingerode: Nr. 82. 162. 167. 202. 371. 401. 417. 462.
25. Kloster Wülfinghausen: Nr. 338. 376. 390. 429. 430. 431. 453.
  c) Kirchen und Kapellen [1]), auch milde Stiftungen:
1. Braunschweig, St. Michaeliskirche: Nr. *51*.
2. Goslar, St. Cäcilienkapelle: Nr. 27. 61. 68. 74. 131.
3.   „ St. Jakobikirche: Nr. *58*. 163.
4.   „ Hospital: Nr. 311.
5. Hildesheim, Domhospital: Nr. *62*.
6.   „ Kirche St. Martini: Nr. 477.
7. Kirche zu Halchter: Nr. 30.
8. Kirche zu Hasekenhausen: Nr. 11.
9. Kirche zu Hemmendorf: Nr. 67.
10. Kirche zu Hohenhameln: Nr. 244. 255.
11. Kirche zu Gross-Lohke: Nr. *88*.
12. Kirche zu Oberge: Nr. 120.
13. Kirche zu Schwiecheld: Nr. 112.
14. Kirche zu Sehlen: Nr. *16*.
15. Kirche zu Sehnde: Nr. *165*.
16. Kirche zu Solzeke: Nr. 258.
17. Kirche zu Steinhorst: Nr. *456*.
18. Kirche zu Wehrstedt: Nr. 166.

III. Klöster, Stifter und Kirchen in anderen Diöcesen:
  a) Diöcese Mainz:
1. Kirche zu Adelradeshausen: Nr. 98.
2. Kloster Bleidenstatt: Nr. *347*.
3. Kloster Hilwartshausen: Nr. 319. 323.
4. Kloster Walkenried: Nr. 236. *241*. 291. *366*.
5. Kirche zu Weende: Nr. 108.
  b) Diöcese Halberstadt:
1. Kloster Abbenrode: Nr. 86.
2. Kloster Ilsenburg: Nr. 75.
3. Kloster Kaltenborn: Nr. 157.
4. Kloster Königslutter: Nr. 87.
  c) Diöcese Verden:
Kirche zu Verden: Nr. *381*. 386.
  d) Diöcese Minden:
1. Kirche zu Minden: Nr. *230*.
2. Kloster Barsinghausen: Nr. 135.
3. Kloster Kemnade: Nr. *273*.
4. Kloster Loccum: Nr. 134. 187. 446.

---

[1]) Die Urkunden für die Kirchen zu Dorstadt und Wienhausen habe ich schon unter b) 7. 23 aufgeführt.

e) Diöcese Münster:
Kloster Marienmünster: Nr. *123*.
 f) Diöcese Trier:
Kloster Marienberg: Nr. *346*.
 g) Diöcese Paderborn:
 1. Mönche von Corvey: Nr. *31*.
 2. Kirche zu Höxter: Nr. *117*.
 h) Diöcese Bremen:
Kapitel zu Bremen: Nr. *136*.

d. Einzelne geistliche Personen:
 1. Der Papst: Nr. *29. 242. 334. 377*.
 2. Erzbischof Wichmann von Magdeburg: Nr. *53*.
 3. Bischof Friedrich von Halberstadt: Nr. 218.
 4. Abt Wibald von Corvey: Nr. *32*.
 5. Propst von Ölsburg: Nr. 253.
 6. Domkantor: Nr. 234. 274.
 7. Berthold Ostermant: Nr. *177*.

B. Weltliche Empfänger.

a. Gemeinden:
 1. Bürger von Goslar: Nr. 486.
 2. Neustadt Hildesheim: Nr. 484.
b. Einzelne Personen:
 1. Kaiser Otto IV.: Nr. *204*.
 2. Herzog Otto das Kind: Nr *423*.
 3. Graf Bernhard von Welpe: Nr. *148*.
 4. Bodo von Homburg und Ludolf von Dassel: Nr. *105*.
 5. Söhne Bodo's von Homburg: Nr. 256.
 6. Johann von Wallenstedt: Nr. 263.
 7. Gebrüder von Escherde: Nr. 279.
 8. Ulrich vom Beke (de Rivo): Nr. 66.
 9. Witwe des Vicedom Konrad: Nr. 92.

3. Abschnitt.

Äussere Merkmale.
§ 1. Schriftprovenienz.

Die Untersuchung der Schriftprovenienz der Hildesheimer Urkunden führte im wesentlichen zu ähnlichen Resultaten, wie sie Posse für die obersächsische und Knipping für die Kölner Urkunden erzielt hatten. Wir haben Fertigung durch den Empfänger, den Aussteller und die unbekannte Hand.

1. Herstellung durch den Empfänger.

Die erste Stelle nimmt eine grössere Gruppe von Urkunden ein, die zumeist für das in der Nähe von Goslar gelegene Stift Riechenberg ausgestellt sind. Die Schriftverwandtschaft aller dieser Urkunden ist auf den ersten Blick klar. Bei genauerer Untersuchung können wir dann mehrere Hände scheiden. Die Schrift ist durchweg elegant und kräftig, mit mehr oder minder verzierten Oberzügen. Gemeinsam ist der ganzen Gruppe die Gewohnheit der Schreiber, die Buchstaben *m*, *n* und *r* unter die Linie zu ziehen und zuzuspitzen. Diese Unterzüge sind teils in einem Zuge gemacht, teils ist dabei abgesetzt worden.

Betrachten wir die einzelnen Hände genauer, so können wir 5 Gruppen unterscheiden, die ich mit R[1] *a, b, c, d, e* bezeichnen will.

Von der Hand des R *a* sind 7 Urkunden geschrieben: Nr. 3. 19[2]. 20. 35 und eine Urkunde Heinrichs des Löwen von

---

1) Richenbergensis.
2) Nr. 19 a. b. c. sind von einem Schreiber geschrieben.

1154 Juni 3[1]). Die Schrift zeichnet sich durch lange, stark verzierte Oberzüge aus. Sehr nahe steht, ohne aber identisch zu sein, die Schrift von Nr. 10. Sie ist weit kräftiger und zeichnet sich besonders durch die eigenartige Bildung des *ct* und *st* aus. *R b* schrieb Nr. 2[2]). 18. 48. Die Schrift ist viel kräftiger als die des *R a*, aber weniger verziert und hat minder lange Oberzüge. Nahe verwandt, aber nicht identisch, ist die Schrift in Nr. 15. 27 und einer undatierten Urkunde Heinrichs des Löwen[3]). Die Schrift der letzteren steht der des *R a* durch ihre sehr langen Oberzüge näher, muss aber der Abkürzungszeichen halber zu dieser Gruppe gestellt werden.

Von der Hand des *R c* rühren her Nr. 7. 40. 43. 44. Seine Schrift ist sehr einfach, ohne viele Verzierungen. Nahe stehen ihr Nr. 4 und 45, in denen aber die charakteristische Zuspitzung von *m*, *n* und *r* nicht durchgeführt ist. Das dürfte eine Identifizierung verbieten.

Dem *R d* sind insgesamt 7 Urkunden zuzuweisen, zwei bischöfliche (Nr. 46. 49) und fünf nichtbischöfliche. Die Aussteller der letzteren sind der Dompropst Reinold, der Pfalzgraf Friedrich von Sachsen, Herzog Heinrich der Löwe, Kaiser Friedrich I. und der Propst Adelog von Goslar[4]). Charakteristisch für diesen Schreiber ist die Verwendung der Majuskelformen von *m* und *n* in der Verbalinvocation, auch wenn sie nicht mit verlängerter Schrift geschrieben ist. Im allgemeinen ist die Schrift kleiner und zierlicher als die vorhergehenden.

Die letzte Gruppe bilden endlich zwei von der Hand des *R e* geschriebene Urkunden, Nr. 17 und eine undatierte Urkunde des Konvents des Klosters Heiningen[5]). Eine gewisse Ähnlichkeit hat die Schrift von Nr. 25, obwohl ihr die eigentümlichen Formen für *ct* und *st* fehlen. Eine Schulähnlichkeit hat auch die in Riechenberg geschriebene Urkunde Lothars III.

---

1) Bode I, 229.
2) Die Datierung rührt von weit späterer Hand her.
3) Bode I, 242.
4) Bode I, 227. 228. 236. 240. 247.
5) Or. H. s. R. Kl. Heiningen 1.

von 1129 Juni 17 [1]). In der ganzen Gruppe ist die Schrift des *R e* die einfachste und am wenigsten verzierte.

Ziehen wir aus dieser Betrachtung das Resultat. Wir haben als Aussteller die Bischöfe Bernhard und Bruno, den Dompropst Reinold, den Propst Adelog von Goslar, den Konvent von Heiningen, den Kaiser Friedrich I., den Herzog Heinrich und und den Pfalzgrafen Friederich, als Empfänger zumeist das Kloster Riechenberg, daneben die Klöster Georgenberg, Heiningen und Derneburg. Beachten wir, dass alle diese Klöster der Regel des Heil. Augustin folgten [2]), berücksichtigen wir ferner, dass der Propst Gerhard von Riechenberg zugleich auch Propst des Klosters Georgenberg und seit 1143 auch von Derneburg war, so erklärt sich die Schriftverwandtschaft. Wir erkennen die Existenz einer Schreibschule, die wohl von Riechenberg ausgehend, in die anderen Klöster ihre Zöglinge entsandte. Die Einheitlichkeit der Schrift gegenüber der Mannigfaltigkeit der Aussteller nötigt uns aber zu der Annahme einer Fertigung durch Empfängerhand.

In der Folgezeit haben wir eine kleine Gruppe von Urkunden, die einheitliche Schriftprovenienz verraten, in Nr. 5. 6. 11. 12. Von diesen sind die drei ersten unzweifelhaft von einer Hand geschrieben, während die letzte nur schriftverwandt ist. Es ist eine kleine feine Schrift. Charakteristisch ist die Bildung des Majuskel-*S*, das im Verhältnisse zu den übrigen Buchstaben sehr grosse und stark in die Breite gezogene *N* in Notum (Nr. 5. 11), bezw. Noverint (Nr. 6), die eigenartige Form des *M* in Machinationes (Nr. 6) und Marie (Nr. 11), die Bildung des *g* u. a. Die Zusammengehörigkeit der vier Urkunden wird, wie ich hier vorgreifend bemerken will, durch die Konformität des Formulars bestätigt. Eine Herstellung durch Empfängerhand ergiebt sich daraus, dass die Schrift und die abweichende Form sich nur in den Urkunden für das St. Michaeliskloster findet. Zugehörigkeit von Nr. 22 ist nicht anzunehmen. Ob-

---

1) Bode 1, 175.
2) Heiningen war ein Augustiner-Nonnenkloster. Vergl. C. J. Böttcher, Germania sacra 479.

Obwohl die Bildung des *S* und *g* grosse Ähnlichkeit zeigen, so ist der Duktus zu verschieden, um die Annahme einer Fertigung im Kloster St. Michaelis zu rechtfertigen. Sie ist vielmehr der folgenden Gruppe zuzuweisen.

Auf die Existenz einer Schreibschule im Kloster St. Godehardi in Hildesheim führt uns eine kleine Anzahl von Urkunden für das genannte Kloster. Wir müssen hier zwei Gruppen scheiden. Die erste, deren Schreiber ich als *G a* bezeichne, umfasst drei Urkunden: Nr. 22. 59. 71. Die beiden letzteren sind unbedingt gleichhändig, die erste ist dagegen nur schulähnlich. Die Oberzüge sind bedeutend länger, die Abkürzungszeichen verschieden. Übereinstimmung zeigt sich in der Form des *g*, *rt* und *st*. Die Ähnlichkeit der Schrift von Nr. 22 mit der in den Urkunden des Klosters St. Michaelis erklärt sich leicht, wenn wir beachten, dass beide Klöster mit Benediktinern besetzt waren. Wir haben einen Benediktinerduktus anzunehmen, der sich in den beiden Klöstern verschiedenartig fortentwickelt. Die zweite von einem Schreiber *G b* herrührende Gruppe besteht aus vier gleichhändigen Urkunden: Nr. 102. 111. 112. 116. Es ist eine grosse kräftige Schrift, die Einheitlichkeit ergiebt sich aus der Bildung der verlängerten Schrift, den Formen des *g* und *r*, das weit unter der Linie gezogen und meist gewellt wird. Auch bei dieser Gruppe erweist sich die Herstellung im St. Godehardikloster daraus, dass die Schrift nur in Urkunden für dieses erscheint.

Mit diesen drei Gruppen ist die Zahl der Urkunden des 12. Jahrhunderts, bei denen wir mit Sicherheit auf Empfängerhand schliessen dürfen, erschöpft. Wir wenden uns dem 13. Jahrhundert zu.

Im Anfange der Regierung Bischof Hartberts haben wir eine kleine Anzahl gleichhändiger Urkunden für das St. Andreasstift. Es sind dies Nr. 178. 180. 192. Die Schrift ist in einigen Punkten der des Schreibers *G b* ähnlich, so in der Bildung des *v* in individue, der Form des *st* in Nr. 102 und 192, der Art und Weise, das *r* zu bilden, der Schreibung von dei in Nr. 116, 178. 180 u. a. Eine Erklärung für diese Erscheinung darf man vielleicht darin suchen, dass bei der

Gründung des Kollegiatstiftes zu St. Andreas[1]) einige der zwölf Kanonikate mit Benediktinern aus dem Kloster St. Godehardi besetzt wurden. Diese brachten den Schriftduktus ihres Klosters mit, der sich dann selbständig fortentwickelte.

Weiterhin kommen wir wieder auf das Kloster St. Michaelis zurück. Wir haben drei Urkunden, jede in zwei Ausfertigungen, die alle von einem Schreiber herrühren. Es sind Nr. 388 a. b. 414 a. b. 432 a. b. Charakteristisch ist die Bildung des C in Conradus, des D u. a.

Eine etwas grössere Gruppe von Urkunden von einheitlicher Schriftprovenienz tritt uns in einer Anzahl von Urkunden für das Kloster Wülfinghausen entgegen. Es sind elf Urkunden: 6 bischöfliche (Nr. 390 a. b. 429. 430. 431. 453), zwei des Ritters Hermann von Arnem[2]) je eine des Dekans Ulrich von St. Cyriacus[3]), des Ritters Bernhard von Hagen[4]) und des Grafen Widekind von Poppenburg[5]). Charakteristische Merkmale der Schrift sind das i in In, die Form des f und s, sowie des generellen Abkürzungszeichens, das sehr grosse Ähnlichkeit mit einer etwas in die Breite gezogenen 2 hat. Von der gleichen Hand sind noch mehrere andere Urkunden geschrieben, die schon in die Zeit nach 1246 fallen, so z. B. Urkunden der Bischöfe Heinrich von Hildesheim[6]) und Ewerwin von Halberstadt[7]). Wir haben hier den gleichen Schluss wie bei der Riechenberger Gruppe zu ziehen: sechs verschiedene Aussteller und ein Empfänger ergeben eine Herstellung im Kloster. Daraus resultiert eine weitere Erwägung. Das Kloster Wülfinghausen war ein Augustiner-Nonnenkloster[8]). Haben wir also an eine Mundierung durch eine Nonne zu denken, oder hatte der Propst

---

1) Die bischöfliche Bestätigungsurkunde datiert von 1200 Nov. 30.
2) Cal. UB VIII, 12. 14.
3) ib. 15.
4) ib. 16.
5) ib. 18.
6) ib. 28.
7) ib. 30.
8) Vergl. Lüntzel II, 201.

einen Schreiber? Entscheiden lässt sich die Frage kaum; dass der erste Fall möglich ist, hat Posse gezeigt [1]).

Auf eine kleine Anzahl von Urkunden, die offenbar im Kloster Wienhausen geschrieben sind, werde ich später zurückkommen.

Die letzte Gruppe endlich, bei der wir Herstellung durch den Empfänger annehmen müssen, wird durch drei Urkunden für das Kloster Isenhagen gebildet: Nr. 463. 476. 480. Eine graphische Zusammengehörigkeit derselben ist unverkennbar, die Identifizierung schwieriger. Am nächsten stehen sich Nr. 476. 480. Herstellung durch Schreiber des empfangenden Klosters anzunehmen, nötigt uns die Schulähnlichkeit einiger Urkunden anderer Aussteller für das Kloster [2]). Dem Schreiber von Nr. 463 ist auch die Urkunde der Pfalzgräfin-Wittwe Agnes bei Rhein von 1243 Juni 3 [3]) zuzuweisen. Nahe verwandt ist die Schrift der Urkunde des Herzogs Otto von Braunschweig vom gleichen Tage [4]). Der Hand von Nr. 478 ähnelt die der Urkunden desselben Herzogs von 1244 Juli 11 [5]) und der erwähnten Pfalzgräfin von 1246 [6]). Die übrigen Urkunden aus dem Isenhagener Klosterarchiv bis gegen 1250 haben gar keine oder nur entfernte Ähnlichkeit mit den bezeichneten.

Mit dieser Gruppe ist die Zahl der Urkunden, die wir als von Empfängerhand geschrieben nachweisen können, erschöpft.

Wir wenden uns zu denen von Ausstellerhand.

2. Herstellung durch den Aussteller. Unbekannte Hand.

Im Grossen und Ganzen müssen wir an der Regel festhalten: bei Schriftidentität oder -verwandtschaft beweisen ein Empfänger, mehrere Aussteller Empfängerhand, sprechen ein Aussteller, verschiedene Empfänger für Fertigung durch

---

1) a. a. O. 11.
2) Die folgenden Angaben beruhen auf dankenswerten Mitteilungen der hochwürdigen Frau Äbtissin von Isenhagen.
3) Lüneb. UB V, 2.
4) ib. 3.
5) ib. 4.
6) ib. 15.

den Aussteller. Auf Grund der Urkunden von Ausstellerhand lässt sich dann die Frage nach der Existenz einer bischöflichen Kanzlei erörtern.

Schwierigkeit macht die Benennung der einzelnen Schreiber. Der Versuch, sie nach Analogie der Kaiserurkunden nach den Notaren zu bezeichnen, misslang bei den Urkunden Bischof Konrads II., liess sich also nicht völlig durchführen. Als unzweckmässig erwies sich die Bezeichnung nach den Bischöfen, da sich so Empfänger-, Aussteller- und unbekannte Hand schwer trennen lassen. Deshalb habe ich mich darauf beschränkt, die einzelnen Gruppen in chronologischer Reihenfolge durchzunehmen und auf die in ihnen genannten notarii und scriptores zu verweisen.

Die ersten Spuren einer Herstellung von Urkunden durch einen bischöflichen Schreiber finden wir in zwei Urkunden Bischof Bernhards I.: Nr. 23. 33 a b. Die erste ist für das Domkapitel, die letzte für das Kloster Lamspringe. Die Schrift ist ganz eigenartig durch lange Oberzüge und eine Ornamentierung ausgezeichnet, die sehr an die bei v. Buchwald[1]) beschriebene erinnert. Vielleicht haben wir hier einen Schreiber des Domkapitels vor uns. Diese Vermutung gewinnt an Wahrscheinlichkeit, wenn man die Datierung von Nr. 33 beachtet: Data et recitata est haec pagina in monasterio sancte Marie Hildensem. In einer ähnlichen Lage sind wir drei Urkunden gegenüber, von denen zwei aus dem Archive des Domkapitels, die dritte aus dem des Stiftes St. Mauritii stammen: Nr. 34. 37. 39 a. b. Ohne gleichhändig zu sein, verrät die Schrift in der Form des st so viel Verwandtes, dass mir eine einheitliche Provenienz unabweisbar erscheint. Was läge näher, als hierbei an Schreiber des Domkapitels zu denken?

Denselben Fall haben wir bei Nr. 30 und 36, zwei gleichhändigen Urkunden, die eine dem Archive des Domkapitels, die andere dem des Klosters St. Georgenberg entnommen.

Die eben besprochenen Fälle ergeben jedoch keine ganz sicheren Anhaltspunkte. Mit grösserer Gewissheit können wir

---

1) a. a. O. 165.

auf Herstellung durch einen bischöflichen Schreiber bei einer Gruppe von Urkunden aus der zweiten Hälfte des 12. Jahrhunderts schliessen. Dieselbe steht in enger Beziehung zu dem Namen des Diakonen Gozelin vom St. Moritzstifte. Über seine Persönlichkeit habe ich oben gesprochen ¹). In sechs Urkunden begegnen uns Vermerke wie: Datum per manum Gocelini notarii (Nr. 62. 74. 78), bezw. Gocelini sancti Mauritii notarii (76), oder Gocelini notarii ecclesie sancti Mauricii diaconi (Nr. 75); in Nr. 65 steht unten auf dem Bug von der Hand des Kontextschreibers: Gocelinus sancti Mauricii diaconus recognovit. Für die graphische Untersuchung kommt nicht in Betracht Nr. 62, da deren Original nicht erhalten ist. Von den übrigen Urkunden rühren sicher von einer Hand her Nr. 74 und 76, sehr nahe verwandt ist Nr. 75. So ähnlich die Schrift auch auf den ersten Blick ist ²), so hindern doch einzelne Abweichungen eine völlige Identifizierung. Noch mehr nähert sich der Schrift von Nr. 74. 76 die von Nr. 65. Dazu kommt dann Nr. 61 ³). Zieht man in Betracht, dass die Handschrift sich in einem Zeitraum von 10—12 Jahren ändert, so werden wir wohl nicht fehlgreifen, wenn wir Nr. 61. 65. 74. 76 einem Schreiber zuweisen. Ist dieser Schreiber Gozelin selbst? Ein zwingender Grund zu einer solchen Annahme liegt nicht vor, nirgends ist der Notar direkt als Schreiber der Urkunde bezeichnet, nur als Datar in der Bedeutung von Rekognoszent⁴). In Nr. 61 ist von einer notariellen Thätigkeit Gozelins nicht die Rede, doch spricht seine Erwähnung unter den Zeugen für eine Beteiligung an der Beurkundung. Gegen die Annahme einer Mundierung durch Gozelin selbst spricht Nr. 78. Auch hier ist er als Notar genannt, aber die Schrift weicht von der der übrigen Urkunden zu sehr ab, als dass man auf eine Herstellung durch Gozelin selbst schliessen dürfte. Wir kommen viel-

---

1) Vergl. S. 17 f.
2) Das *G* in Gocelini (74) und in Adelhogus gratia (75), ebenso die hochgezogene Form des *a* sind völlig gleich.
3) Hier ist Gozelin als subdiaconus sancti Mauricii unter den Zeugen genannt.
4) Vergl. Nr. 65.

mehr zu dem Resultate, dass der Notar drei Reinschreiber beschäftigte[1]; dem ersten ist Nr. 61. 65. 74. 76, dem zweiten Nr. 75, dem dritten Nr. 78 zuzuweisen. Bei der letzten Urkunde könnte man vielleicht an eine Mundierung in Riechenberg denken, denn es finden sich manche Anklänge an die Riechenberger Schule. Doch muss man es bei dieser Vermutung bewenden lassen, da mir die Schrift in anderen Urkunden nicht begegnet ist.

Zu erklären bleibt noch eine Eigentümlichkeit. In Nr. 65. 76. 78 finden wir am Schlusse der Urkunde ein Kreuz, in Nr. 74. 76. 78 hinter dem Namen Gozelin's ein Zeichen, das in Nr. 76 einem Γ, in Nr. 74. 78 einem solchen mit eingeschriebenen o ähnlich sieht. Eine Erklärung dieser Zeichen ist bis jetzt noch nicht versucht. Erwägen wir aber, dass dies Zeichen nur in solchen Urkunden vorkommt, in denen Gozelin als Datar erscheint, so liegt es nahe, dasselbe in Verbindung mit dem Namen Gozelin zu bringen. Ich halte es deshalb für ein aus den griechischen Buchstaben Γ und o gebildetes Rekognitionszeichen. Da die Kenntnis der griechischen Buchstaben in Deutschland verbreitet war, so spricht manches für diese Annahme. Auch das erwähnte Kreuz scheint mir nichts Anderes als ein solches Rekognitionszeichen zu sein. Eine nachträgliche Zufügung dieser Zeichen ist nirgends erkennbar. Das bestätigt unsere Annahme, dass wir es mit Urkunden von Ausstellerhand zu thun haben. Dadurch wird auch die oben ausgesprochene Vermutung, dass Nr. 78 in Riechenberg geschrieben sein könnte, unwahrscheinlicher, so dass wir auch für sie Mundierung in Hildesheim annehmen dürfen.

Weit einfacher gestaltet sich die Untersuchung der Schriftprovenienz bei einer weiteren Urkundengruppe. Hier ist die Provenienz aus der Hand eines bischöflichen Schreibers sicher. Von den 5 Urkunden, in denen der Propst **Johannes von Backenrode** als Datar oder als Schreiber genannt wid, sind vier (Nr. 81. 82. 85. 94) unzweifelhaft von **einer Hand** geschrieben, während Nr. 89 abweicht. Zu den gleichhändigen

---

[1] Doch ist die Möglichkeit nicht ausgeschlossen, dass wir in einem der drei Schreiber den Notar selbst zu sehen haben.

Urkunden tritt dann noch Nr. 79, in der Johannes nur als Zeuge genannt wird. Von diesen 6 Urkunden ist keine für das Kloster des Propstes selbst, dagegen sind zwei für Kloster Heiningen (Nr. 79. 85), je eine für die Klöster St. Godehardi (Nr. 81), Wöltingerode (Nr. 82), Riechenberg (Nr. 89) und Lamspringe (Nr. 94) ausgestellt. Eine Herstellung durch den Aussteller ist dadurch gesichert. Auch hier müssen wir die Frage nach dem Reinschreiber erörtern. In drei Urkunden ist der Propst als Schreiber genannt.[1]) Die Folgerung, die man aus Nr. 94 ziehen könnte, dass etwa »conscribere« von der Herstellung des Konzepts, »scribere« von der des Mundums gebraucht sei, wird unhaltbar durch Nr. 81, wo in beiden Fällen conscribere gebraucht ist. Ein Unterschied zwischen beiden Wörtern ist also nicht anzunehmen. Doch ist dann wohl als sicher hinzustellen, dass scribere wie conscribere von der Reinschrift gebraucht sind, weil dare[2]) nur von der Übergabe der Reinschrift an den Empfänger gesagt wird[3]). Dann würde Johannes als Reinschreiber anzusehen sein. Wie stellt sich dazu Nr. 89, Urkunde für Riechenberg? Das Diktat spricht für eine Konzipierung durch den Propst Johannes. Für die Herstellung der Reinschrift haben wir dann zwei Möglichkeiten. Die nächstliegende ist, dass der Propst an der Mundierung der Urkunde verhindert war und einen Angehörigen seines Klosters mit der Fertigung der Reinschrift beauftragte. Der Schriftcharakter ist jedenfalls dem des Propstes verwandt. Die zweite Möglichkeit wäre, dass die Reinschrift der von dem Propst konzipierten Urkunde im Kloster Riechenberg hergestellt wurde, denn auch dem Riechenberger Typus ist die Schrift verwandt. Meiner Ansicht nach ist jedoch die erste Annahme die richtigere, da es doch viel wahrscheinlicher ist, dass Konzipierung und Mundierung der Urkunde an

---

1) Nr. 81: Ego Johannes ... hanc cartam conscripsi et conscriptam dedi ... ; Nr. 85: Johannes ... qui hanc annotacionem scripsi scriptamque donavi; Nr. 94: Ego Johannes ... hanc cartam ... conscripsi et scriptam dedi.

2) In Nr. 85 ist donare synonym mit dare. Vergl. dazu Lüntzel II, 24.

3) Es wird dadurch die Ansicht Bresslaus gestützt, der es für sicher hält, dass die als Schreiber genannten Notare wirklich mundiert haben.

einem Orte stattfanden. Die Verwandtschaft der Schrift von Backenrode und Riechenberg dürfte sich wohl daraus erklären, dass beide Klöster mit Augustinern besetzt waren, wir also den Duktus dieser zu Grunde legen müssen.

Der Notar, der dann folgte, war Hartmann, Diakon des Stifts zum Heiligen Kreuze. Als Notar treffen wir ihn zuerst in Nr. 98. Auf die Herstellung der Urkunden, die ihn als Datar nennen, lässt sich kein sicherer Schluss ziehen. Wir haben ihn in Nr. 98. 99. 101. 108. 111. Von diesen ist Nr. 108 in einer einfachen, durch verlängerte Schrift etwas diplomatisch stilisierten Bücherminuskel geschrieben, kommt also nicht in Frage. Auch die Schrift von Nr. 98 ist singulär, und Nr. 111 ist, wie wir früher nachgewiesen haben[1]), von einem Angehörigen des Klosters St. Godehardi geschrieben. Anders steht es mit Nr. 99. 101 für das Stift zum Heiligen Kreuze. Hier ist offenbar Schriftverwandtschaft vorhanden. Ziehen wir noch Nr. 106. 110 für dasselbe Stift heran, die ebenfalls schriftverwandt sind, so liegt die Annahme nahe, dass alle vier Urkunden im Kreuzstift geschrieben sind. An Wahrscheinlichkeit gewinnt diese Vermutung, wenn man berücksichtigt, dass Hartmann Diakon des genannten Stifts war. Wir hätten also eigentlich bei dieser Gruppe Herstellung durch Empfängerhand, doch habe ich sie deshalb an dieser Stelle besprochen, weil wir bei der Zugehörigkeit des Notars zu dem empfangenden Stifte mit demselben Rechte Ausstellerhand annehmen können[2]).

Von diesem Zeitpunkte ab können wir die Thätigkeit von Angehörigen des Kreuzstifts als Schreiber bischöflicher Urkunden geraume Zeit hindurch verfolgen.

Ob man die in einer zeitgemässen Bücherschrift geschriebene Urkunde Nr. 114, in der unter den Zeugen Gerungus de sancta Cruce qui hoc privilegium scripsit erscheint, als von der Hand Gerungs herrührend ansehen darf, ist unsicher. Eine zweite Urkunde (Nr. 130), ebenfalls in Bücherschrift, in der Gerungus no-

---

1) Vergl. S. 29.
2) Sollte man in dem in Nr. 99. 101 am Schlusse der Zeugen befindlichen Kreuze, dem ich dieselbe Bedeutung wie dem früher erwähnten zumesse, eine Beziehung auf das Kreuzstift sehen?

tarius erwähnt wird, ist von anderer Hand geschrieben. Es ergiebt sich für die Schriftprovenienz also nichts.

Überhaupt ist das Material gegen Ende des Jahrhunderts sehr spärlich. Bischof Konrad I. war infolge seiner Stellung als kaiserlicher Kanzler meist aus seiner Diöcese abwesend und bekümmerte sich wenig um dieselbe. Infolge dessen haben wir auch nur wenige Urkunden von ihm, und nicht eine davon ist im Originale überliefert.

Reichhaltiger wird der Bestand erst wieder zu Anfang des 13. Jahrhunderts unter dem Pontifikate Hartberts. Eine grössere Gruppe schriftverwandter Urkunden tritt uns hier entgegen. Sie sind verknüpft mit dem Namen des Notars Konrad. Eine kleinere Anzahl von Urkunden, in deren einer (Nr. 178) dieser Notar ebenfalls erscheint, und die im Stift zu St. Andreas geschrieben sind, haben wir bereits früher besprochen [1]). Weit zahlreicher ist die zweite. Sie umfasst insgesamt 29 Urkunden, 24 bischöfliche (Nr. 149. 150. 158. 161. 162. 163. 166. 167. 169. 171. 174. 176. 183. 184. 185. 186. 187. 188. 190. 191. 193 a [2]). 194. 195. 207) und fünf nichtbischöfliche. Der Charakter der Schrift ist rundlich und elegant. Eigenartig ist die Form des N, besonders wie er sie in der letzten Zeit gebraucht, die aber auch schon in der älteren Zeit vorkommt. Bedenkt man, dass sich die Schrift eines Mannes in anderthalb Dezennien ein wenig ändert, so dürfte meine Annahme, sämtliche 24 Urkunden als das Elaborat eines Schreibers zu betrachten, wohl gerechtfertigt sein. Zur Beantwortung der Frage nach der Zugehörigkeit des Schreibers müssen wir die fünf nichtbischöflichen Urkunden heranziehen. Es sind zwei Urkunden der Äbte Widekind von Corvey, Walbert von Amelungsborn und Hugold vom Kloster St. Michaelis, die als »executores a domino papa delegati« zwei transumierte Urkunden Bischof Adelogs (Nr. 106. 110) bestätigen[3]) und je eine Urkunde des Propstes Konrad von Hameln von 1211[4]), des Propstes Ludold vom Heil. Kreuz[5]) und des Vogts

---

1) Vergl. S. 29.
2) Nr. 193b ist eine Fälschung aus dem Ende des 13. Jahrhunderts.
3) Or. H. s. R. Kreuzst. 6 und Or. Gn. App. dipl. Nr. 71.
4) Meinardus 12.
5) Doebner I, 69.

T. von Hildesheim von 1217 Juli 21 [1]). Beachten wir die Empfänger, so zeigt sich uns das überraschende Resultat, dass vier dieser Urkunden für das Stift zum Heil. Kreuz ausgestellt sind. Berücksichtigen wir ferner, dass in einer Anzahl der 24 Urkunden (Nr. 174. 176. 183. 184. 186. 188. 194. 195) der Notar Konrad als Zeuge erscheint, der ziemlich sicher mit dem in der oben erwähnten Urkunde des Propstes Ludold vorkommenden subdiaconus et canonicus sancte Crucis identifiziert werden kann, so schliesse ich daraus, dass auch der Ingrossator der Urkunden unter den Angehörigen des Stifts zum Heil. Kreuz zu suchen ist. Dem widerspricht nicht, dass die für das Stift zu St. Andreas ausgestellte Urkunde des Vogts T. von Hildesheim dieselbe Hand zeigt, denn der Aussteller konnte in Ermangelung eines eigenen Schreibers sehr wohl seine Urkunde durch den im Urkundenschreiben geübten Schreiber des Kreuzstifts anfertigen lassen.

Zu erörtern ist noch die Frage nach einem eigentümlichen Zeichen in Nr. 162. Meiner Ansicht nach ist es eine Art Rekognitionszeichen. Doch ist es mir nicht gelungen, eine Deutung desselben zu finden. Vielleicht wäre in dem Kreuze eine Hindeutung auf das Stift zum Heil. Kreuze zu sehen. Nach dem Abkürzungszeichen für us muss man wohl schliessen, dass irgend ein Name darin enthalten ist. Doch ist unter den Zeugen keiner, zu dem es passen würde.

Auch weiterhin hat das Kreuzstift an der Besorgung der Schreibgeschäfte der Bischöfe von Hildesheim grossen Anteil gehabt. Wenigstens ist bei einer grösseren Anzahl von Urkunden der beiden letzten Bischöfe unseres Zeitraumes eine Thätigkeit von Angehörigen des genannten Stifts als Reinschreiber oder als Notare nachweisbar. Wenden wir uns der Untersuchung dieser Urkunden zu.

Unter Bischof Siegfried 1. ist eine kleinere Gruppe von Urkunden, die auf den ersten Blick unzweifelhaft Schriftverwandtschaft zeigen. Bei einer genaueren Untersuchung lassen sich mehrere Hände von einander sondern. Auf einen Schreiber

---
1) Doebner I, 74.

sind zurückzuführen Nr. 201. 202. Einer zweiten Hand sind Nr. 216. 221. 225 zuzuweisen. Von einem dritten Schreiber rühren her Nr. 200. 203. 210; allein steht Nr. 209. Auch eine Urkunde Kaiser Otto's IV. von 1218 Mai 18[1]) zeigt Schriftverwandtschaft. In einer Anzahl dieser Urkunden wird der Notar Ludolf, Kanoniker des Stifts zum Heil. Kreuz erwähnt (Nr. 201. 203. 209). Schon dies bringt uns der Annahme, die Urkunden seien von einem Angehörigen dieses Stifts geschrieben, näher. Noch wahrscheinlicher wird diese Vermutung, wenn wir die Schrift etwas weiter verfolgen. Sie begegnet uns nämlich in einer grösseren Zahl von Urkunden Konrads II. Bei einer sorgfältigen Untersuchung können wir hier mehrere Hände unterscheiden. Der erste Schreiber schrieb Nr. 226[2]). 258a b. 271. 336. 361. Die Schrift ist sehr stark verziert. Einer zweiten Hand sind zuzuweisen Nr. 238. 269. 275a b. Es ist eine sehr kräftige Minuskel, besonders in Nr. 275, aber weit weniger verziert als die vorige. Auf einen dritten Schreiber sind zurückzuführen Nr. 281. 302. 303. 338. 341. 343. 345. 352. Von einer vierten Hand rühren her Nr. 287. 308. 344. 413. 415. 460. Die letzte Gruppe endlich bilden Nr. 333. 337. 387. 433. 436. 442. 452. 458. 459. 461. 471. Beachten wir, dass mehrere Urkunden dieser grossen schriftverwandten Gruppe für das Kreuzstift ausgestellt sind, dass ferner eine Anzahl von Urkunden des Propstes Hugo und des Dechanten Richard desselben Stifts die gleiche Schrift zeigen[3]), so ist die Annahme gerechtfertigt, dass auch die Ingrossatoren dieser ganzen Urkundenreihe demselben angehörten. Wir können diese Schriftart von Bischof Siegfried I. an bis zum Ende des Pontifikats Konrads II. und noch über dasselbe hinaus verfolgen. Etwas Einheitliches hat die ganze Schriftgattung in der Ornamentierung und in der Art der Abkürzungszeichen. Aus diesem Resultat können wir einen Schluss auf die Persönlichkeit des in Nr. 226 erwähnten Henricus scriptor ziehen. Wir müssen auch in ihm einen Kanoniker des

---

1) Origg. Guelf. III, 845.
2) Unter den Zeugen: Henricus scriptor.
3) Heranziehen könnte man auch, dass in Nr 336 der Kanoniker Ludolf vom Heil. Kreuz als Datar genannt ist.

Kreuzstifts suchen, denn ein Heynricus canonicus sancte Crucis wird in Nr. 264. 288 unter den Zeugen als Notar erwähnt. Eine Identifizierung des Henricus scriptor mit diesem Notar wird demnach durchaus gerechtfertigt sein.

Ich wende mich jetzt der Besprechung einiger kleinerer Gruppen zu, die unzweifelhaft Ausstellerhand erkennen lassen. Die erste geht noch in die Zeit Bischof Siegfrieds I. zurück und umfasst im ganzen 6 Urkunden, 4 bischöfliche (Nr. 224a[1]). 248. 250. 268) und zwei nichtbischöfliche, des Propstes Bertold von Stederburg[2]) und des Vogts Lippold vom St. Moritzstifte von 1232 Mai 11[3]). Die Schrift ist gross und kräftig. sehr elegant. Charakteristische Merkmale sind die Bildung des *g* und *s*. Über die Zugehörigkeit des Schreibers lässt sich nichts feststellen, da die Empfänger auch der beiden nichtbischöflichen Urkunden verschieden sind.

Einige Ähnlichkeit, doch auch manche Abweichungen[4]) zeigt eine weitere Gruppe. Sie umfasst Nr. 284[5]). 296. 306. 317[6]). 319. Nahe steht Nr. 325. Ein besonders kalligraphisches Ansehen verleihen der Schrift die Verzierungen des *C* in Conradus, die besonders kunstvoll in Nr. 296. 317 ausgeführt sind. Auch hier sind wir über die Person des Reinschreibers im Ungewissen.

Weit günstiger steht es mit einer Anzahl von Urkunden, die offenbar im Domkapitel geschrieben sind. Wir müssen hier zwei Gruppen von einander sondern. Die erste umfasst drei Urkunden, von denen zwei (Nr. 244. 274) gleichhändig sind, während die dritte (Nr. 257) dem allgemeinen Schriftcharakter nach verwandt, aber doch einem zweiten Schreiber zuzuweisen ist. Umfangreicher ist die zweite. Sie besteht aus 16 Urkunden. Gemeinsam ist ihnen die Form des *r*, das etwas unter die Linie gezogen und stumpf abgebrochen wird. Die

---

1) Nr. 224 b ist von anderer, vielleicht Empfängerhand geschrieben.
2) Bode I. 386.
3) Doebner I. 122.
4) So fehlen z. B. die charakteristischen Formen für *g* und *s*.
5) Unter den Zeugen: Johannes notarius noster.
6) In der Zeugenreihe: Johannes scriptor canonicus sancti Andree.

Gesamtzahl verteilt sich auf 4 Schreiber. Der erste schrieb Nr. 243. 263. 266. Charakteristisch ist die Form des C im Namen des Bischofs und die Schreibung Cunradus; im übrigen ist die Schrift klein und zierlich, der Kursive sehr nahestehend. Kräftiger und weniger kursiv ist die zweite Hand, von der Nr. 251. 255 herrühren. Ihr ist die Schreibung Hyldensemensis eigentümlich. Diese hat auch der dritte Schreiber übernommen, der sich wieder mehr der Kursive nähert. Ihm sind zuzuweisen Nr. 264[1]). 279. 280. 286[2]). 329[3]). Der vierte Schreiber endlich schrieb Nr. 313. 320. 322. 348. 349 und die Urkunde des Domkapitels zu Goslar von 1232 Aug. 18[4]).

Betrachten wir die Empfänger der Urkunden, so ergiebt sich, dass von den 19 Urkunden allein 15 für das Domkapitel zu Hildesheim oder einzelne Angehörige desselben ausgestellt sind. Wir müssen demnach eine Herstellung der Urkunden im Domstift annehmen. Zu den Urkunden von Ausstellerhand gehören sie jedoch, weil mehrere von ihnen auch für andere Empfänger ausgestellt sind. Die Schrift wäre als bischöfliche Kanzleischrift zu bezeichnen nach dem Satze Posse's[5]): „Die Schrift bischöflicher Kanzleien lässt sich kontrolieren durch Urkunden, welche für die Domkapitel, als Empfänger, von den Bischöfen ausgestellt sind. Die Hand, welche im Auftrage des Bischofs für fremde Empfänger Urkunden schreibt, ist zumeist dieselbe, welche auch die Schriftherstellung von Urkunden des Bischofs für das Kapitel, als Empfänger, besorgt: die bischöflichen Schreiber rekrutieren sich aus dem Kapitel und dessen Schreibschule." Wenn wir jedoch die Existenz einer bischöflichen Kanzlei annehmen, so ergiebt sich aus den bisher gewonnenen Resultaten, dass dieser Satz für die Hildesheimer Urkunden nicht allgemeine Gültigkeit hat, indem hier die Urkundenschreiber meist in den Stiftern oder Klöstern zu suchen sind, denen die gleichzeitigen Notare entstammten.

---

1) Unter den Zeugen: Heinricus canonicus sancte Crucis notarius noster.
2) In der Zeugenreihe: magister Heinricus Pinguensis notarius noster.
3) Als Zeuge: Johannes notarius noster.
4) Bode I, 517. Unter den Zeugen: Johannes scriptor.
5) a. a. O. 12.

Näherte sich die Schrift der eben besprochenen Urkunden stark der Kursive, so haben wir in der Folgezeit eine Rückkehr zum Gegenteil, einer kalligraphischen geraden Minuskelschrift. Zuerst begegnet sie uns in einer Reihe von Urkunden für das Kloster Wienhausen (Nr. 267[1]). 295[2]). 309. 318[2]). 330[4]). 331[2]). 332[1]). 382[2]). 407[4]). 426[3]). 428. 437[3]). 438). Die Schriftidentität dieser 13 Urkunden ist zweifellos. Eng verwandt sind Nr. 362[5]). 364[5]). 369. 371. 374. 376. 379. 410. 411. Von diesen sind unter sich identisch Nr. 371. 374, ferner 379. 410. 411. Schulähnlichkeit weisen auch die folgenden Schreiber auf, wir haben hier vier Haupthände zu unterscheiden. Die erste setzt ein 1237 und schrieb Nr. 355. 356. 368. 373. 391. 392. 394. 396. 397. 401. 406. 417. 422. 424. Ähnlich ist die Schrift von Nr. 472. Ein zweiter Schreiber fertigte Nr. 380. 383. 399. 421, ein dritter Nr. 404. 412. 420. Diesem ist nahe verwandt der Ingrossator von Nr. 400. Von der letzten Hand rühren her nur zwei Urkunden Nr. 473. 484. Die Schrift unterscheidet sich von den übrigen durch die Bildung der Buchstaben mit Unterzügen, die nach links umgebogen werden[6]). Im allgemeinen ist der Schriftcharakter rundlich, die ganze Schrift trägt den Stempel grosser Eleganz. Diese und andere Merkmale berechtigen uns zur Annahme eines einheitlichen Entstehungsortes. Wo ist dieser zu suchen? Für die zuerst erwähnten Urkunden würde die Antwort lauten: Im Kloster Wienhausen. Denn es liegt auf der Hand, dass wir den Schreiber von 13 gleichhändigen Urkunden für denselben Empfänger in dem empfangenden Kloster selbst zu suchen haben. Es wäre doch auffällig, wenn ein bischöflicher Schreiber nur für einen und denselben Empfänger mundiert hätte. Wie stellen sich dazu nun die übrigen Schreiber? Wir finden unter den Zeugen der

---

1) Als Zeuge: Ludolphus canonicus sancte Crucis scriptor noster.
2) Unter den Zeugen: Johannes scriptor.
3) Zeuge: Godefridus scolasticus sancti Andree scriptor noster.
4) In der Zeugenreihe: Godefridus scriptor.
5) Als Zeuge: magister Godefridus canonicus in Alsburg scriptor noster.
6) Dieser Gebrauch wird auch auf i und m am Schlusse eines Wortes ausgedehnt, so z. B. in Nr. 473 in nostri und sigillum nostrum.

Urkunden häufiger die Notare Johannes und Gottfried, beide Angehörige des Stifts zu St. Andreas. Jener begegnet uns allerdings nur in Urkunden von der Hand des Wienhäuser Schreibers, dieser dagegen auch in denen der anderen. Vielleicht haben wir uns die Sache so zu erklären. Bis etwa 1236 müssen wir Empfängerhand für Wienhausen annehmen. Dann wird der Schreiber seiner kalligraphischen Schrift wegen nach Hildesheim berufen. Er selbst schreibt für sein Kloster weiter, wird aber gleichzeitig Leiter einer Schreibschule, in der sich seine Schrift fortentwickelt. Wo sich diese Schreibschule befand, entzieht sich unserer Kenntnis; doch möchte ich vermuten, dass sie in dem Stifte zu St. Andreas war, dem der Notar Gottfried angehörte.

Das Gegenstück zu dieser eleganten rundlichen Schrift bildet die letzte Gruppe in der Reihe der Urkunden von Ausstellerhand. Sie trägt einen so ausgeprägt kursiven Charakter wie keine der früheren. Die Buchstaben sind teilweise flüchtig auseinandergerissen, auch eckige Formen treten uns vereinzelt entgegen. Eine Schulähnlichkeit mit der vorigen ist nichtsdestoweniger unverkennbar. Der Schreiber ist wahrscheinlich aus derselben Schreibschule hervorgegangen, nur hat sich seine Schrift anders entwickelt. Wir finden sie in Nr. 446. 447. 457. 464. 465. 466. 468. 469. 475. 479. 486. Zweifelhaft ist es, ob man auch die jedenfalls sehr nahe stehenden Nr. 447. 455 ihm zuschreiben soll. In Nr. 447. 464. 466. 468. 479 wird Notar Jordanis genannt, der wahrscheinlich auch dem Stifte zu St. Andreas angehörte. Dadurch wird die Wahrscheinlichkeit der Annahme, dass der Schreiber der Urkunden zu demselben Stifte gehörte, erhöht.

Mit dieser Gruppe schliesst die Zahl der Urkunden von Ausstellerhand ab, und wir wenden uns mit wenigen Worten den Urkunden der **unbekannten Hand** zu.

Haben wir die Schriftprovenienz eines grossen Teils der Hildesheimer Urkunden mehr oder minder sicher bestimmt, so bleibt doch eine wohl ebenso grosse Anzahl übrig, die wir in das Gebiet der unbekannten Hand verweisen müssen. Ich verstehe hierunter alle diejenigen Urkunden, die bei der graphischen

Untersuchung in keiner der vorher besprochenen Gruppen, weder von Empfänger-, noch von Ausstellerhand, untergebracht werden können. Zwar finden sich bei einzelnen entfernte Anklänge an bekannte Hände, doch sind die Abweichungen dann nicht weniger gross, und daher die Annahme einer Verwandtschaft bedenklich.

In einigen dieser Urkunden werden auch bischöfliche Notare genannt. Früher erwähnt ist schon Nr. 108[1]). In Nr. 131 erscheint als Datar der nur dieses eine Mal in dieser Eigenschaft vorkommende Propst Eckehard von St. Georgenberg. Irgendwelche Anhaltspunkte für die Schriftprovenienz erhalten wir jedoch hieraus nicht, so dass beide Urkunden mit Recht der unbekannten Hand zuzuweisen sind.

Die Provenienz der einen oder anderen Urkunde, so z. B. Nr. 115. 133, können wir mittelst der Diktatvergleichung feststellen.

3. Einzelne graphische Merkmale.

Die Originalurkunden sind sämtlich auf Pergament geschrieben. Format, Grösse und Qualität desselben schwanken bedeutend. Im zwölften Jahrhundert werden jedoch fast durchweg grössere Pergamentblätter verwendet als im dreizehnten. Zu den kleinsten Urkunden gehört Nr. 485[2]).

Eine Liniierung des Pergaments ist in der älteren Zeit ungleich häufiger, als später. Meist finden wir nur Horizontallinien, doch sind zuweilen (z. B. Nr. 77. 110. 157) auch noch Vertikallinien zur Bezeichnung des Zeilenanfangs und -schlusses.

Neben der Liniierung mit dem blinden Griffel haben wir solche mit Braunstift. Der Seltenheit halber will ich hier anführen, dass die Urkunde des Abts Amelung von Riddagshausen von 1179 Dez. 7[3]) grüne Linien hat.

Nur die Vorderseite der bischöflichen Urkunden ist be-

---

1) S. 36.
2) Sie ist nur 10,9 cm lang, 5,2 cm breit.
3) Or. H. s. R. Domstift 60.

schrieben. Erwähnen will ich jedoch eine Urkunde des Propstes Ludold zum Heil. Kreuze, in der Vorder- und Rückseite beschrieben sind[1]).

Die Schrift folgt im allgemeinen der breiteren Seite des Pergaments; chartae transversae finden wir häufiger nur im zwölften Jahrhundert, im dreizehnten sind sie selten.

Zumeist sind die Urkunden in einer mehr oder minder diplomatisch stilisierten Minuskel geschrieben. Nur ein geringer Bruchteil von Urkunden[2]), deren Originalität mit einer Ausnahme[3]) nicht bezweifelt werden kann, ist in einer zeitgemässen Bücherschrift geschrieben. Zuweilen ist auch hier der Versuch einer diplomatischen Stilisierung gemacht, indem der Schreiber die verlängerte Schrift im Eingangsprotokoll anwendete[4]).

Der Gebrauch der verlängerten Schrift ist durchaus nicht Regel. Ungefähr der vierte Teil aller Urkunden ist damit ausgestattet. Die Anwendung verteilt sich auf die einzelnen Stücke verschieden. Nur das erste Wort ist mit litterae elongatae geschrieben in fünfzehn Urkunden[5]). Auf In nomine wurden sie in Nr. 12 ausgedehnt. Überwiegend finden wir sie jedoch in der Verbalinvocation. Insgesamt haben wir sie in 86 Urkunden[6]). Nicht eingerechnet habe ich diejenigen, in denen auch die Intitulatio in verlängerter Schrift geschrieben ist[7]).

---

1) Or II. s. R. Kreuzstift 11. Mit den Worten Mortuo a Symone heredes beginnt eine andere gleichzeitige Hand, die auf der Rückseite fortfährt.

2) Nr. 41. 60. 63. 80. 86. 91. 104. 118. 120. 136. 164. 198. 231. 254. — Nr. 50. nähert sich der Bücherschrift.

3) Nr. 91.

4) Nr. 86. 104.

5) In in Nr. 50. 162. 164. 169. 171. 184. 185. 186. 190. 191. 193. 194. 207. Conradus in Nr. 314. 450.

6) Nr. 5. 6. 11. 21. 22. 34. 37. 39. 40. 44. 59. 66. 67. 68. 70. 71. 72. 74. 76. 77. 83. 92. 93. 97. 98. 102. 111. 112. 116. 121. 126. 127. 129. 135. 138. 145. 178. 181. 192. 200. 201. 202. 203. 209. 212. 220. 225. 226. 233. 237. 238. 250. 271. 275. 299. 302. 303. 316. 325. 328. 333. 336. 337. 342. 343. 345. 360. 361. 371. 374. 376. 382. 387. 410. 411. 429. 430. 431. 435. 442. 445. 452b. 453. 458. 463. 480.

7) Nr. 8. 47. 56. 79. 82. 85. 86. 89. 94. 108. 122. 131. 137. 154a. 213.

Sehr selten ist eine Ausdehnung auf weitere Teile der Urkunde, so z. B. auf in perpetuum in Nr. 61. 65. 75 oder gar auf die Worte Pontificatus nostre sollicitudinis a domino deo nobis credita dispensatio der Arenga von Nr. 81.

Die verlängerte Schrift ist aus Majuskel- und Minuskelbuchstaben zusammengesetzt. Eine Einmischung von Majuskeln in die Kontextschrift inmitten der Wörter ist sehr selten, höchstens finden wir einmal ein N [1]).

Der Gebrauch einer symbolischen Invocation in Gestalt des Chrismons ist nicht sehr häufig. Ein den in den älteren Kaiserurkunden der deutschen Kanzlei vorkommenden entsprechendes Chrismon habe ich nur in Nr. 8 a b gefunden. Es hat die Form des C mit Endigungsstrichen nach oben und unten. Ein C ohne Endigungsstriche, wie wir es in den gleichzeitigen Kaiserurkunden sehen, haben wir in Nr. 58. 61. 70; in Nr. 72 finden wir ein C mit nebenstehendem J, wohl für Christus Jesus. Dasselbe Zeichen begegnet uns in der Urkunde des Proptes Adelog von 1167[2]). Im Übrigen finden wir in einer Reihe von Urkunden der Bischöfe Adelog und Berno vor der Verbalinvocation ein Kreuz, das offenbar nur das Chrismon vertritt, so in Nr. 80. 89. 92. 93. 97 a b. 98. 129. 131.

Die Abkürzungen sind die gewöhnlichen. Suspensionen und Kontraktionen sind zahlreich vertreten. Von generellen Abkürzungszeichen haben wir eine grosse Auswahl vom einfachen Strich bis zu den kompliziertesten, von speziellen die Zeichen für *er* (*re*), *ur*, *us*. Ligaturen sind, abgesehen von *et*, nicht sehr häufig, so finden wir z. B. in Nr. 7 *ns*, in Nr. 18 *us* in Ligatur.

Der Tironischen Notenschrift entlehnt sind die Zeichen für *et* und *con*, von denen das letztere sich bisweilen auch in dem Eigennamen Conradus zeigt. Nur selten findet sich das der Tironischen Note nachgebildete konventionelle Zeichen für *est*, zweimal in Nr. 75, einmal in Nr. 388 a. Sonst begegnet es uns noch einmal in einer Urkunde des Freiherrn Dietrich von Depenau von 1215 Mai 24 [3]).

---

1) So z. B. in Nr. 341.
2) Bode I, 260.
3) Or. Hm. B. s. R. Sültekloster 1.

§ 2. Besiegelung.

Um die Urkunden zu beglaubigen, besiegelte man sie. Die Chirographierung finden wir in keiner derselben mehr angewendet. Auch nicht in Nr. 3, obwohl diese sich selbst als »cyrographi scripta« bezeichnet.

Bei einer grösseren Anzahl von Urkunden sind uns die Siegel nicht mehr erhalten. Doch lässt sich aus den zurückgelassenen Spuren die Art der Besiegelung leicht erschliessen. Wir haben zu scheiden zwischen aufgedrückten und hängenden Siegeln.

Die aufgedrückten Siegel sind meist durch das Pergament durchgedrückt. Seltener sind sie mittelst eines Pergamentstreifens aufgeheftet (Nr. 1a. 5. 6. 8a. 23. 24. 33b. 48. 63. 81. 82. 93. 97a. 145. 164. 200). An Nr. 200 finden wir überhaupt zum letztenmale ein aufgedrücktes Siegel.

Die Stellung des Siegels ist verschieden. Wir finden es zumeist links[2] unten, seltener in der Mitte (Nr. 12. 18. 33ab. 48. 56. 64. 77. 81. 93. 138. 145. 200) oder rechts[2] unten (Nr. 1a. 20. 23. 24. 34. 39b. 43. 70. 89), auch auf der Rückseite (Nr. 20. 48. 56. 61. 68. 164. 200). Verkehrt aufliegende Siegel haben wir in Nr. 1a. 44. 68.

Das erste hängende Siegel habe ich 1145 (Nr. 21) gefunden[3]. Doch wird der Gebrauch erst gegen Ende des 12. und besonders im 13. Jahrhundert häufiger, bis im dritten Jahrzehnt des letzteren die aufgedrückten Siegel ganz verschwinden.

Als Befestigungsmittel finden wir Pergamentstreifen, Woll-, Hanf- und Seidenfäden oder -schnüre, die Verwendung von Lederriemen ist mir nicht vorgekommen.

Bei den an Pergamentstreifen hängenden Siegeln müssen wir zwischen abhängenden und eingehängten[4] unterscheiden. Jene sind jedoch ausserordentlich selten (Nr. 246. 286. 322. 323. 326. 414b. 432ab. 485). Weit häufiger sind die eingehängten Siegel, die wir an 131[5] Urkunden finden.

---

1) S. 11.
2) Im heraldischen Sinne.
3) Nr. 16 kann nicht als Original gelten.
4) Vergl. Grotefend, Sphragistik. (1875) S. 20. ff.
5) Die Zahl erhöht sich auf 133, wenn wir Nr. 178. 270 hinzurechnen, denen nicht das bischöfliche Siegel angehängt ist.

Die **Farbe der Hanf-, Seiden- und Wollfäden** ist meist willkürlich gewählt, nur die besonders unter Konrad II. häufigen Farben rot-gelb [1]) lassen auf eine Beziehung zu den Hildesheimer Landesfarben schliessen. Überwiegend sind die Fäden zweifarbig, seltener ein-, drei- und vierfarbig. Ich gebe im Folgenden eine Zusammenstellung:

1. Hanffäden. Einfarbig: a. schmutzig-weiss an Nr. 21. 87. 104. 108. 203. 297c. 328a. 344. 365. 370. 387. 451. — b. blau an Nr. 49. 440. — c. braun an Nr. 171. — Zweifarbig: a. blau-weiss an Nr. 262. 295. 331. 332. 407. 426. 433. 436. 437. 438. 446. 452b. 458. — b. rot-weiss an Nr. 351.

2. Wollfäden. a. rot-gelb an Nr. 356. 392. — b. grün-weiss an Nr. 424 [2]).

3. Seidenfäden. Einfarbig: a. braun an Nr. 144. — b. violett an Nr. 462. — c. weiss an Nr. 100. 221. 425. — d. grün an Nr. 299. 394. 397. — e. gelb an Nr. 129. 195. 225. 226. 361. 466. 479. — f. rot an Nr. 39a. 97b. 110. 114. 116. 166. 184. 208. 212. 213. 222. 224. 245. 254. 260. 261. 281. 293. 297f. 298. 300d. 304. 306. 319. 333. 339. 342. 345. 352. 371. 391. 427. 428. 444. 477. 478. — Zweifarbig: a. gelb-weiss an Nr. 193a. — b. grün-weiss an Nr. 399. — c. grün-gelb an Nr. 419. 447. — d. blau-weiss an Nr. 442. — e. rot-weiss an Nr. 303. 341. 343. [3]) 383. [3]) 384. [3]) — f. grün-rot an Nr. 163. 174. 191. 211. 222a. 257. 291. 300c. 328b. 340. 369. 396. 468. 471. 474. 489. — g. rot-gelb an Nr. 45. 46. 50. 99. 102. 106. 111. 112. 151. 176. 186. 188. 202. 219. 233. 238. 239. 250. 252. 258ab. 268. 272. 275a. 288. 296. 297abc. 300ab. 302. 307. 316. 317. 325. 355. 357. 358. 359. 360. 364. 374. 379. 380. 385. 400. 401. 402. 403. 405. 406. 410. 412. 417. 431. 445. 448. 463. 473. 476. 481. 482. — Dreifarbig: a. rot-gelb-blau an Nr. 330. 362. — b. rot-gelb-weiss an Nr. 411. 422b. — c. rot-gelb-grün an Nr. 309. 396. 418. — Vierfarbig: a. rot-gelb-grün-schwarz an Nr. 267. — b. rot-gelb-grün-blau an Nr. 318.

Wir kommen zu den **Siegeln** selbst. Obwohl neben der überwiegenden Bezeichnung ‚sigillum‘ in einigen Urkunden ‚bulla‘ (z. B. Nr. 68. 262. 297. 300. 322) vorkommt, so ist mir eine Bleibulle, wie uns die Verwendung einer solchen in der benachbarten Diöcese Halberstadt überliefert ist[4]), nicht

---

1) Wir finden sie zuerst 1145 (Nr. 45), nicht erst 1224, wie Lüntzel II, 33 irrtümlich bemerkt.
2) Grüne Seiden- und weisse Wollfäden.
3) Rote Seiden- und weisse Hanffäden.
4) Zuerst Schmidt I, 434.

bekannt geworden. Auch an den Urkunden, die in der Corroboratio ‚bulla' haben, finden wir Wachssiegel.

Die Farbe des Wachses ist meist gelb oder braun. Nur zu wenigen Siegeln ist rotes Wachs verwendet worden, so an Nr. 297. 300. 307. 358. 365. 463. 471. 475. An zwei Urkunden (Nr. 89. 288) haben wir zweifarbige Siegel: die gelbe Schüssel ist mit rotem Wachs ausgegossen, und in dieses das Siegelbild eingedrückt. Dies gehört ebenso zu den diplomatischen Seltenheiten wie die Verwendung von dunkelblauem Wachs zu dem Siegel an Nr. 16. Die Holzkapsel an Nr. 111 ist auf jeden Fall eine moderne Zuthat, da die Verwendung solcher in Deutschland erst seit dem 15. Jahrhundert üblich ist[1]).

Ihrem Typus nach gehören die Siegel meist zur Kategorie der Thronsiegel. Ausnahmen bilden allein die Elektensiegel Bischof Hermanns und Siegfrieds I. und das Gemmensiegel Bischof Konrads II.

Das führt uns zu einer Beschreibung der einzelnen Siegel.

Das Siegel Bischof Bernhards I. ist kreisrund mit einem Durchmesser von 83 mm. Das Siegelbild zeigt den auf einem mit Tierköpfen verzierten Stuhle sitzenden Bischof im bischöflichen Ornate ohne Mitra. In der rechten hält er den Hirtenstab mit einwärts gebogenem Haken, in der Linken ein offenes Buch. Die Legende lautet:

BERNHARDVS · DĪ · GRA̅ — HILDENESHEIŌSIS · EP̄S.

Es fehlt, abgesehen von den Nichtoriginalen, nur an Nr. 3. 8a. 10. 34.

Das gleiche Siegelbild hat das Siegel Bischof Brunos. Der Durchmesser beträgt 72 mm. Die Legende lautet:

✻ BRVNO · DĪ · GR̄A · HIL — DENESHEIM̄SIS · EP̄S.

Es fehlt nur an Nr. 47. 60.

Sein Nachfolger, Bischof Hermann, hat während seines neunjährigen Pontifikates drei Siegel geführt:

---

1) Vergl. Bresslau I, 934.

1. Das älteste Siegel, das wir wohl als Elektensiegel zu betrachten haben, finden wir nur an Nr. 64. 65. Es ist kreisrund und zeigt das Brustbild des Bischofs in Amtstracht ohne Kopfbedeckung. In der Rechten hält er einen Palmzweig, in der Linken das auf die Brust gelehnte geschlossene Buch. Die zwischen zwei konzentrischen Kreisen befindliche Umschrift lautet:

✠ HEREMANN? · DEI · GRATIA · ID · QVOD · EST.[1]

2. Das zweite an Nr. 67. 68 vorkommende Siegel nähert sich in dem Bilde den früheren. Der sitzende Bischof hält in der Rechten den einwärts gebogenen Krummstab, in der Linken das offene Buch. Der Durchmesser beträgt 70 mm. Die Umschrift lautet:

✠ HEREMAHNVS · DEI · GRATIA · HILDENESHEIMEN-
SIS · EPISCOPI.

3. Das dritte Siegel ist ebenfalls ein Thronsiegel. Der Durchmesser beträgt 80 mm. Das Siegelbild weicht von den früheren etwas ab. Der Stuhl ist statt mit Tierköpfen mit Kugeln verziert, der Bischof trägt die Mitra, der Stab in der Rechten ist nach auswärts gekrümmt, das Buch in der Linken geschlossen. Die Legende heisst:

✠ HERIMAHNVS · DEI · GRA · HILDENESHEIMENSIS
EPS.

Es findet sich an Nr. 63. 66. 70. 71.

Das Siegel Bischof **Adelogs** ist dem dritten Siegel Hermanns ähnlich. Die Grösse beträgt 75 mm. Der Bischof sitzt auf einem mit Tierköpfen verzierten Stuhle, in der Rechten den nach auswärts gekrümmten Stab, in der Linken das geschlossene Buch. An dem linken Unterarme ist der manipulus deutlich sichtbar. Die schräg gegen den Rand gedruckte Legende heisst:

---

[1] Vergl. 1. Kor. 15, 10. — Eine ähnliche Umschrift finden wir auf einem Rücksiegel des Abtes Wilhelm III. von Clugny. Vergl. Douët d'Arcq, Collection des sceaux III, Nr. 8652.

✱ ADELHOGVS · DEI · GRATIA · HILDENESHEIMENSIS · EPISCOPVS.

Es fehlt nur an Nr. 74. 75. 77. 86. 100. 103. 121.

Von dem Siegel Bernos ist leider kein völlig unversehrtes Exemplar erhalten. Aus den verschiedenen Bruchstücken ersehen wir jedoch, dass das ca. 80 mm grosse Siegel dasselbe Bild hatte, wie das Adelogs. Die Legende, die jedoch nicht schräg gegen den Rand steht, ist nicht mehr ganz zu erkennen. Doch wird sie folgendermassen gelautet haben:

✱ BERNO · DEI · GRACIA · HILDENSEMENSIS · EPC.

Es fehlt gänzlich an Nr. 129. 130. 134. 136, an den übrigen Originalen ist es nur bruchstückweise erhalten.

Von Bischof Konrad I. ist kein Siegel überliefert.

Unter Bischof Hartbert haben wir das erste spitzovale Siegel. Die Länge beträgt 83, die Breite 53 mm. Der Bischof sitzt auf einem mit Tierköpfen und -pfoten verzierten Throne in Amtstracht mit Mitra, in der Rechten den einwärts gebogenen Krummstab, in der Linken ein geschlossenes Buch haltend. Die Umschrift lautet:

✱ HARBERT9 · DI · GRA · HIL — DENE — SHEYMENS · EPISCOP9.

Es fehlt nur an Nr. 152. 153 a b. 154 a. 156. 157. 161. 178[1]). 180. 186.

Über den interessanten Fall der Verwendung eines Brakteatenstempels Bischof Hartberts zur Herstellung eines Rücksiegels an der Urkunde Nr. 185 habe ich bereits an anderer Stelle gesprochen[2]).

Unter Bischof Siegfried I. haben wir wieder zwei Siegel:

1. Das erste findet sich nur in Bruchstücken an Nr. 200[3]). Die Länge des spitzovalen Siegels beträgt ca. 90, die Breite ca.

---

1) Vergl. S. 54.
2) Zeitschr. f. Numismatik XX (1895), 49 ff.
3) In Nr. 197. 198 fehlen die Siegel, so dass nicht erkennbar ist, welches Siegel angehängt war.

50 mm. Das Siegelbild ist schwer zu erkennen. Wir sehen eine stehende Figur, wahrscheinlich den Bischof darstellend. Der obere Teil des Siegels fehlt, so dass wir nicht feststellen können, ob er eine Mitra trägt. In der Rechten hält er k e i n e n Hirtenstab (vielleicht einen Palmzweig?), in der Linken ein Buch. Von der Legende ist nur zu erkennen:

··· EIISEMEII ···

Da der Bischof sich in der Intitulatio als electus bezeichnet, dürfen wir mit Recht das Siegel als Elektensiegel bezeichnen. Durch das Siegelbild wird eine Vermutung v. Bülow's gestützt [1]).

2. Das zweite Siegel kehrt wieder zur kreisrunden Form zurück. Der Durchmesser beträgt 65 mm. Das Bild zeigt den sitzenden Bischof mit Mitra und Manipel, in der Rechten den einwärts gebogenen Krummstab, in der Linken das geöffnete Buch. Die Legende heisst:

✠ SIFRIDVS · DI · GRATIA · HILDENSEMENSIS · EPC.

Es fehlt nur an Nr. 202. 209. 216.

Bischof Konrad II. führte drei verschiedene Siegel:

1. Das spitzovale Siegel, 67 mm lang 50 mm breit, zeigt den sitzenden Bischof, der in der Rechten den einwärts gekrümmten Stab, in der Linken das geschlossene Buch hält. Die Legende lautet:

✠ CORRADVS · DEI · GRATIA — HILDERSEMENSIS · EPC.

2. Dieses unterscheidet sich von dem vorigen nur in der Grösse und durch einige kleinere Änderungen in der Legende. Es ist nur 55 mm lang, 37 mm breit; die Umschrift lautet:

✠ CORRADVS · DEI · GRATIA — HILDENSEMENSIS · EPC.

Das erste Siegel wurde im Anfange der Regierung bis 1228 ausschliesslich gebraucht, bis 1238 sind beide nebeneinander in Gebrauch, bis dann von 1238 ab das zweite das erste verdrängt.

In der Zeit von 1228 bis 1238 haben wir das grössere Siegel noch an Nr. 268. 279. 286. 287. 288. 293. 297 f. 299. 300 b d. 306. 312. 319. 325. 363.

---

1) Vergl. v. Bülow, Gero von Halberstadt 57: über Elektensiegel.

Es fehlen die Siegel an Nr. 236. 243. 248. 266¹). 269. 270¹). 271. 275 b. 284. 297 d. 298. 308. 310. 312 a. 314. 316. 340. 359. 360. 370. 376. 386. 392. 404. 415. 425. 429. 430. 440. 448. 450. 453. 459. 469. 479. 480. 482. 485.

3. Das dritte Siegel ist ein Gemmensiegel und zwar, an deutschen Bischofssiegeln eine grosse Seltenheit, ein Abraxas²). Es findet sich nur an Nr. 326. Die Grösse beträgt 25 : 22 mm. Das ovale Siegel zeigt die gewöhnliche Darstellung: Menschenleib mit Hahnenkopf und Schlangenfüssen, in der Rechten eine Peitsche, in der Linken einen Schild tragend. Ob sich unter dem Bilde das Wort *ABPAΣAC* befunden hat, ist ebensowenig zu erkennen, wie sich die fast völlig verwischte Legende entziffern lässt.

Ausser dem Siegel des Bischofs finden wir häufig noch andere angehängt. So im 13. Jahrhundert besonders das Siegel des Domkapitels.³) Bei Verträgen, Käufen u. a. werden die Siegel beider Parteien angehängt. Häufig aber dient die Mitbesiegelung zur grösseren Bekräftigung der beurkundeten Handlung. Das älteste Beispiel der Mitbesiegelung habe ich an Nr. 67 gefunden, wo neben dem bischöflichen noch die Siegel des Abtes Konrad von Korvey und des Heil. Vitus⁴) aufgedrückt sind⁵). Meistens finden sich die Siegel der Mitsiegelnden neben dem des Ausstellers der Urkunde angehängt. Eigenartig dagegen ist die Art und Weise der Mitbesiegelung an Nr. 258 a b. Obwohl es in der Siegelankündigung nur heisst: sigilli nostri munimine fecimus roborari, haben wir an dem Bischofssiegel ein Rücksiegel. Dasselbe ist von spitzovaler Form, 43 mm lang, 30 mm breit. Das Siegelbild stellt den am Kreuze hängenden Christus nebst einem davor knieenden betenden Manne dar. Die Legende, ein Hexameter, lautet:

---

1) Vergl. S. 54.
2) Vergl. Demay, des pierres gravées Nr. 336 ff.
3) Zuerst an Nr. 149.
4) St. Vitus war der Schutzheilige von Korvey. Vergl. Falke 213. Eine Abbildung des Siegels ib. Tab. I, Nr. 8.
5) In allen anderen Urkunden finden wir bei Mitbesiegelung nur hängende Siegel.

✢ CRVX · DÑI · MEC̄ · VOX · Ē · QVÃ · SEMP · ADORO. Durch das unter den Armen des Kreuzes befindliche Wort: HEIN — RIC⁹ erweist sich das Rücksiegel als Eigentum des in der Urkunde erwähnten Archidiakons Heinrich von Tossem.

Nicht allzu selten ist die Erscheinung, dass, wie eben, nur ein Siegel angekündigt ist, sich aber mehrere finden, und umgekehrt, dass nicht alle angekündigten oder statt der angekündigten andere Siegel vorhanden sind. Einige Beispiele mögen genügen An Nr. 178 finden wir statt des angekündigten bischöflichen Siegels das des Stifts zu St. Andreas, in Nr. 266 die der Gebrüder Ludwig und Alberich von Wanzleben, in Nr. 270 das der Kirche von Escherde. In Nr. 390a ist nur das bischöfliche Siegel vorhanden, obwohl es in der Siegelankündigung heisst: presentem litteram diligentius conscriptam tam nostro quam archidiaconi sui sigillo fecimus communiri. In Nr. 275 sind angekündigt die Siegel des Bischofs und des Domkapitels, doch ist nur Nr. 275b mit beiden versehen, während an Nr. 275a nur für eines Einschnitte in das Pergament gemacht sind. In Nr. 309 heisst es: ad maiorem igitur gestorum evidentiam et memoriam perhennem hoc scriptum inde confectum nostri et capituli nostri sigillorum auctoritate iussimus communiri. Ad ampliorem etiam scripti firmitatem sigilla domine ducisse et ipsius sacri conventus duximus apponenda, doch sind vorhanden nur die beiden ersteren, und für eines der letzteren Einschnitte im Pergament. Von einem vierten finden sich nicht einmal Spuren.

Die Erklärung für diese Unregelmässigkeiten ist einfach. In dem einen Falle war die Mitbesiegelung vorgesehen und angekündigt, ist aber aus irgendwelchen Gründen unterblieben[1]). In dem anderen war von vornherein eine Mitbesiegelung nicht beabsichtigt, erfolgte aber nachher dennoch.

In den meisten Fällen ist die Mitbesiegelung in objektiver Fassung in der Corroborationsformel angekündigt. Nur in einigen Urkunden haben wir subjektive Fassung. So steht z. B.

---
1) Vergl. Posse 161.

in Nr. 257 hinter der Datierung: Ego Hermannus comes de Woldenberch omnia que in hoc scripto continentur vera esse recognoscens sigillum commune meum et fratris comitis Heinrici huic carte apponi feci ad robur firmamenti et in testimonium veritatis amen. An eine eigenhändige Unterschrift ist hier nicht zu denken. Scheinbar haben wir eine solche in Nr. 107, die aber der Schrift nach nicht als Original gelten kann. Fast gleichlautend ist eine Urkunde des Dompropstes Berthold vom gleichen Tage. Am Schlusse der beiden Urkunden findet sich folgender Passus:

1. in der bischöflichen: + Ego Poppo dei gratia prepositus de Monte ad veritatem predictorum confirmandam sigillum meum appendo.

2. in der dompröpstlichen: Ego Poppo dei gratia prepositus in Monte sancti Mauritii in testimonium veritatis predictorum sigillum meum appono.

Die Schrift dieser beiden Zusätze weicht von der der übrigen Teile der Urkunde ab. Es sollte also offenbar der Anschein einer eigenhändigen Unterzeichnung seitens des Propstes Poppo erweckt werden. Geschrieben sind beide Urkunden von der gleichen Hand in der ersten Hälfte des 13. Jahrhunderts. Inhaltlich sind sie unverdächtig, ebenso sind die Siegel echt. Ausser dem des Bischofs, bezw. des Domstifts ist ein auch sonst bezeugtes[1]) ovales Siegel angehängt. Dieses zeigt eine Schwurhand und die Legende:

DEXTERA · DOMINI · FECIT · VIRTVTE.

Die Länge beträgt 34, die Breite 25 mm.

Wir müssen annehmen, dass die Urkunden Nachzeichnungen der verlorenen Originale und mit echten Siegeln versehen sind.

---

1) Vergl. Doebner I, 48. 49.

Urkundenverzeichnis.

1. Bischof Bernhard I. (1130—53).

Nr.	Empfänger	Überlieferung	Jahr	Mon.	Tag	Ort	Ind.	Bischofsjahr	Druck
1ᵃ/ᵇ	Kl. Marienrode	a. b. Or. H.	1131	Mai	5	Hildesheim	IX	—	UB d. HV IV, 1. 2.
2	Kl. Georgenberg	"	"	Juni	12	Goslar	"	pontificatus II	Bode I, 179.
3	"	"	"	"	—	—	"	"	" 181.¹)
4	Kl. Riechenberg	"	1132²)	—	—	—	XI	"	" 182.
5	Kl. St. Michaelis	"	(—)	—	—	—	"	—	ZHV 1868, 98. 97.
6	Kl. Riechenberg	Or. Gn.	1133	Nov.	5	—	XI	—	Bode I, 184.
7	Kl. zur Clus	a. Or.H. b.Or.W.	1134	—	—	—	XII	—	Harenberg 172.
8ᵃ/ᵇ	Kl. St. Michaelis	Or.? H.	1135	März	15	Hildesheim	III	—	Lüntzel 369. 371.
9	Kl. Heiningen	Or. Hm. A. B.	1140	Nov.	22	—	"	—	" 372.
10	Kapelle zu Hasekenhausen	Or. H.	"	—	—	—	IV	—	—
11	Kl. St. Michaelis	Cop. a	(—)	—	—	—	"	—	Falke 919.
12	Domkapitel	" P	1141	Mai	12	Hildesheim	IV	—	Asseb. UB I, 9.
13	Kl. Amelungsborn	Or. D.	1142	Febr.	3	Goslar	VI	—	Lüntzel 374.
14	Kl. Heiningen	Or.? H.	"	Juni	18	Hildesheim	IV	—	Bode I, 196.
15	Kirche zu Sehlen	Or. H.	(—)	"	30	Goslar	"	—	" 197.
16	Kl. Georgenberg	a.b. Or. H., c. Or. Hm. B.	1143	April	9	Hildesheim	VI	—	Lauenstein II, 247.
17	Kl. Derneburg	Or. H.	1145	Okt.	6	Goslar	VIII	—	Bode I, 201.
18	Kl. Georgenberg		"	—³)	—	Hildesheim	XIII	—	ZHV 1868, 101.
19ᵇ/ᶜ	Kl. St. Godehardi	a. Or. Hm. A., b. Or. H.	1146	März	11	—	IX	episcopatus XV	Krätz III, 94.
20	"	Or. H.	"	"	28	⁴)	"	ordinationis XVI	Doebner I, 21.

1) Eine kürzere Fassung vgl. a. a. O. 180.   2) Ein Nachtrag von gleicher Hand trägt das Datum: Actum in Hildenesheim anno dominice incarnationis MCXLI, ind. V.   3) Im Kopialbuch ist das Datum XVII. Kal. Oct. hinzugefügt.   4) In capitolio et conventu nostro.

Nr.	Empfänger	Überlieferung	Jahr	Mon.	Tag	Ort	Ind.	Bischofsjahr	Druck
24	Kl. Marienrode	Or.? H.	1148	Aug.	3	Hildesheim	IX	—	UB d. HV IV, 4.
25	Domkapitel	Or. "	"	—	—	"	XI	—	z. T. H(i)A 1753, 141.
26	Stift St. Bartholomäi	Or.? "	1147	Okt.	13	"	X	episcopat. XVIII	Lauenstein II, 303.
27	Cäcilienkapelle (Goslar)	Or. W.	"	Dez.	"	(Goslar)	XI	—	Bode I, 208.
28	Domkapitel	Cop. a	(—)	(Dez.)	—	"	—	—	—
29	Papst Eugen III.	"	1148	—	—	—	—	—	Jaffé 145.
30	Kirche zu Halchter	Or. H.	(—)	"	—	Hildesheim	XII	—	Lüntzel 375.
31	Mönche von Korvey	Cop. t	(—)	(Okt.)	—	—	—	—	Jaffé 209.
32	Abt Wibald von Korvey								
33ᵃ	Kl. Lamspringe	a. b. Or. H.	1149	Okt.	10	Hildesheim	XIII	—	Koken 173.
33ᵇ	Domkapitel	"	1150	Mai	8	"	"	—	Origg.Guelf.III,444.
34	Kl. Georgenberg	"	1151	März	14	Goslar	XIV	—	Bode I, 212.
35	"	"	"	"	17	"	"	—	" 213.
36	Stift St. Mauritii	Or. (in.	"	Aug.	23	Hildesheim	"	—	Reg. " 215.
37	Domkapitel	Cop. a	"	"	"	"	"	—	Doebner " 27.
38	Kl. Bockel	a. b. Or. H.	1152	Okt.	13	Hildesheim	I	—	UB d. HV IV, 5.
39ᵇ	Kl. Riechenberg	Or. (in.	(1150/53)	—	—	—	—	—	Bode I, 217.

2. Bischof Bruno (1153—61).

Nr.	Empfänger	Überlieferung	Jahr	Mon.	Tag	Ort	Ind.	Bischofsjahr	Druck
41	Kl. zur Clus	Or. W.	(1153)	—	—	—	II	—	Harenberg 764.
42	Kl. Ringelheim	Cop. qᵃ	1154	Nov.	22	Ringelheim	"	—	Leuckfeld 203.
43	Kl. Riechenberg	Or. Gn.	(.)	—	—	—	III	—	Bode I, 225.
44	"	"	"	"	"	"	"	—	" 226.
45	Kl. Georgenberg	Or. H.	1155	Febr.	3	Hildesheim	"	—	" 231.
46	Kl. Riechenberg	Or. (in.	"	"	4	"	"	—	" 232.
47	Stift St. Mauritii	Or. Hm. B.	"	Okt.	18.	"	IV	—	—
48	Kl. Georgenberg	Or. H.	1156	Febr.	19	Winzen- burg¹)	V	—	Bode I, 235.
49	Kl. Riechenberg	Or. Gn.	1157	Jan.	2	Riechenberg	—	—	" 237.

1) Actum Goslarie ohne Tagesdatum.

Nr.	Empfänger	Überlieferung	Jahr	Mon.	Tag.	Ort	Ind.	Bischofsjahr	Druck
50	Kl. Riechenberg	Or. (in.	1157	Mai	1	Riechenberg	—	—	Bode I, 238.
51	St. Michaeliskirche (Braunschweig)	Im Drucke	„	Sept.	29?)	—	V	—	Origg. Guelf. V, 10.
52	Stift St. Bartholomäi	Cop. g	(—)	—	—	Hildesheim	VI	ordinationis IV	—
53	Erzbisch. Wichmann	„ t	1158	—	—	Hildesheim	—	—	Jaffé 584.
54	Kl. Amelungsborn	„ 1°	„	Jan.	8	Amelungsborn	—	—	—
55	„	„	„	Apr.	9	Hildesheim	VI	pontificatus V	Baring II, 29.
56	Domkapitel	Or. H.	„	Mai	28	Hildesheim	„	—	ZHV 1888, 103.
57	Kl. St. Michaelis	Cop. b¹	„	Juni	13	Hildesheim	„	—	Lüntzel 378.
58	St. Jakobikirche (Goslar)	Transumt°)	1160	Febr.	21	(Goslar³)	VIII	—	Bode I, 243.
59	Kl. St. Godehardi	Or. H.	„	März	7	Hildesheim	„	ordinationis VII	„ 244.
60	Kl. Lamspringe	Or. Hm. B.	„	—	—	—	—	—	—
61	Cäcilienkapelle (Goslar)	Or. W.	(—)	Juli	30	Goslar	„	—	Bode I, 245.
62	Domhospital	Cop. a	1161	—	—	Hildesheim	IX	—	VA 1840, 238.

3. Bischof Hermann (1161—70).

63	Kl. Lamspringe	Or H.	1162	—	—	—	X	—	Beiträge I, 65.
64	Kl. St. Michaelis	Or. Hm. B.	„	Aug.	23	Hildesheim°)	XI	electionis II	Reg. Doebner I, 32.
65	Stift z. Heil. Kreuz	Or. H.	1163	„	6	„	XIV	—	Origg.Guelf.III,495.
66	Odelrieus de Rivo	„	1166	„	25	„	XIII	—	496.
67	Kirche zu Hemmendorf	„ °)	„	—	—	—	—	—	Bode I, 258.
68	Cäcilienkapelle (Goslar)	Or. G.	1167	—	—	Goslar	„	—	Doebner I, 33.
69	Kl. St. Michaelis	Cop. b°	„	—	—	—	XV	—	Grupen 58.
70	Kl. St. Godehardi	Or. H.	1169	—	—	Hildesheim	II	pontificatus V	Scheid, v. Adel 487.
71			„	Dez.	21	Hildesheim	„	—	Bode I, 264.
72	Stift St. Petri	Or. G.	„	—	—	—	—	—	
73	Kl. Amelungshorn	Cop. l°	„	—	—	Hildesheim	III	—	Baring II, 28.

1) Datum Hildenesheim VI. Kal. Aug. (1158). 2) In Nr. 163. 3) Recognitum Hildensem ... Non. Martii. 4) In capitulo maioris ecclesie. 5) Or. 1146.

4. Bischof Adelog (1171—90).

Nr.	Empfänger	Überlieferung	Jahr	Mon.	Tag	Ort	Ind.	Bischofsjahr	Druck
74	Cäcilienkapelle (Goslar)	Or. W.	1171	Sept.	22	(Goslar¹)	IV	pontificatus I	Bode I, 271.
75	Kl. Ilsenburg	Or. M.	1172	März	23	"	V	consecrationis I	Jacobs I, 26.
76	Stift z. Heil. Kreuz	Or. H.	"	Apr.	5	Hildesheim	"	"	
77	Kl. Georgenberg		" ²)	Okt.	13	"	VI	pontificatus III	Bode I, 275.
78	Kl. Riechenberg	Or. Gn.	1173	Sept.	2	Goslar	VII	ordinationis IV	" 280.
79	Kl. Heiningen	Or. H.	1174	Juni	23	Ost-Haringen	"	"	" 282.
80	Kirche zu Dorstadt	"	" ²)	Okt.	18⁶)	Nienstedt	VIII	"	Lüntzel 380.
81	Kl. St. Godehardi	"	"	"	19⁶)	Hildesheim	"	"	Reg. Doebner I, 34.
82	Kl. Waltingerode								Struben 276.
83	Kirche zu Dorstadt	Or. D.	1175	Apr.	18	"	"	pontificatus V	Asseb. UB I, 20.
84	Kl. Amelungsborn	Cop. I¹	"	Sept.	27	Hildesheim	VIII	ordinationis V	Baring II, 31.
85	Kl. Heiningen	Or. H.	1176	März	15	"	IX		Asseb. UB I, 21.
86	Kl. Abbenrode	Or. M.	"	—	—⁶)	Goslar	—		Reg. Bode I, 280.
87	Kl. Königslutter	Or. W.	1177	—	—	—	X	ordinationis VII	
88	Kirche zu Gr. Lobke	Cop. g	1178	März	20	Hildesheim	XI		Lüntzel 381.
89	Kl. Riechenberg	Or. Gn.	"	Juli	24	"	"	"	Bode I, 298.
90	Kl. Lamspringe	Cop. h	"	Nov.	29	"	XII		Koken 176.
91	Kl. Heiningen	Or.? H.		—	—	—	"		Prutz 484.
92	Wittwe d. Vicedom Konrad	Or. H.		—	—	—	XII		Reg. Doebner I, 35.
93	Domkapitel			—	—	—	XI		VA 1830, 259.
94	Kl. Lamspringe		(1175/78) 1179	März	28	Hildesheim			
95	Kl. Amelungsborn	Cop. I¹		Apr.	4	Lamspringe			
96	—		(1179/80) (1178/80)	—	—	—	—		Reg. ZHV 1880, 10.
97ᵃ/ᵇ	Kl. Marienrode	a. b. Or. H.	1180	März	7	Hildesheim	XIII	ordinationis IX	UB. d. HV. IV, 6.

1) Datum Ringelheim VI. Kal. Oct. 2) Über die Datierung vergl. den Druck. 3) Or. 1173. 4) Ego Johannes Backenrodensis prepositus ... hanc cartam conscripsi et conscriptam dedi II. Non. Dec. ipso anno. 5) Data ... XII. Kal. Nov. 6) Das im Reg. angegebene Tagesdatum (Apr. 26) steht nicht im Originale. 7) Actum ... in generali synodo (Mai 29?).

60

Nr.	Empfänger	Überlieferung	Jahr	Mon.	Tag	Ort	Ind.	Bischofsjahr	Druck
98	Kirche zu Adelradeshausen	Or. H.	1180	Nov.	30	Hildesheim	XIV	consecrat. IX	VA 1824, 123.
99	Stift z. Heil. Kreuze	Or. (in.	—	Dez.	18	"	"	—	—
100	Kl. Riechenberg	—	1181	Apr.	20	Hildesheim	XIII	consecrationis X	Bode I, 296.
101	Stift z. Heil. Kreuze	Or. H.	"	Juni	9	—	—	—	Scheid, v. Adel 489.
102	Kl. St. Godehardi	Or. Hm. D.	—	—	—	—	—	—	—
103	Kl. Gandersheim	Or. W.	1182	—	—	—	XIV	—	—
104	Kl. Lamspringe	Or. H.	1183	März	12	Lamspringe	I	—	Origg.Guelf.III,549.
105	Ludolf v. Dassel und Bodo v. Homburg	Cop. a	"	Apr.	21	Hildesheim	II	—	—
106	Stift z. Heil. Kreuz	Or. H.	"	Mai	17	"	I	consecrat. XII	Reg. Doebner I, 37.
107	Stift St. Mauritii	Or.? r	"	Sept.	2	"	VI	—	Scheid, v. Adel 502.
108	Kl. Weende	Or. "	1184	März	12	"	II	—	—
109	Kl. Amelungsborn	Cop. I¹	"	"	25	Amelungsborn	"	—	Reg. ZHV 1880, 12.
110	Stift z. Heil. Kreuz	Or. (in.	"	Aug.	23	Hildesheim¹)	I	—	Reg. Doebner I, 38.
111	Kl. St. Godehardi	Or. H.	"	Okt.	19	"	II	—	Lüntzel 383.
112	Kirche in Schwichelde	—	1185²)(1184/85)	"	21	"	III	—	Vogell 2.
113	Kl. Amelungsborn	Cop. I¹	1186	Okt.	16	Goslar	—	consecrat. XVI	Schrader I, 234.
114	Kl. Neuwerk	Or. (i.	(..)	—	—	—	—	—	Bode I, 308.
115	Kl. Riddagshausen	Or. W.	1188	Jan.	16	Hildesheim	VII	—	Vogell 4a.
116	Kl. St. Godehardi	Or. H.	"	Apr.	19	"	—	—	Reg. Doebner I, 41.
117	St. Nikolaikirche (Höxter)	Im Drucke	"	Mai	12	"	—	—	Paullini II. 111.
118	Kl. Riechenberg	Or. (in.	1189	Jan.	25	"	—	—	Bode I, 312.
119	Kl. Amelungsborn	Or. H.	"	Juni	26	"	—	—	Böhmer, El. III, 111.
120	Kapelle zu Oberge	Or. W.	"	—	—	—	—	—	Origg.Guelf.III,558.
121	Kl. zur Clus	—	"	—	—	—	VII	—	Harenberg 718.
122	Kl. Dorstadt	Or." D.	"	—	—	Hildesheim²)	VI	—	ZHV 1862, 247.
123	Kl. Marienmünster	Cop. u	"	—	—	—	—	—	Erhard II, 209.
124	Stift St. Mauritii	Or. H.	"	—	—	—	—	—	—
125	Kl. Lamspringe	Cop. h	1190	März	26	Lamspringe	VII	—	—

1) In capitulo maiori. 2) Or. 1187. 3) In capitulo nostro.

Nr.	Empfänger	Überlieferung	Jahr	Mon.	Tag	Ort	Ind.	Bischofsjahr	Druck
126	Kl. St. Michaelis	Or. H.	(1181/90)	—	—	—	—	—	ZHV 1888, 105.
127	"	"	(1171/90)	—	—	—	—	—	Doebner I, 43.
128	Kl. Amelungsborn	Cop. I¹	"	—	—	—	—	—	—
		5. Bischof Berno (1190—94).							
129	Kl. Marienrode	Or. H.	1190	—	—	—	IX	—	UB d. HV I, 6.
130	Kl. Heiningen	Or. W.	1191	Juni	25	Goslar	"	ordinationis I	Bode I, 332.
131	Cäcilienkapelle (Goslar)	"	"	"	"	"	IX	pontificatus I	" 333.
132	Kl. Stederburg	Cop. m	"	—	—	—	IX	—	Mon.Germ.SS.XVI, 225.
133	Kl. Riddagshausen	Or. W.	1192	—	—	—	—	—	Scheid. v. Adel 492.
134	Kl. Loccum	Or. L.	1193	—	—	—	—	—	Cal. UB III, 21.
135	Kl. Barsinghausen	Or. H.	"	—	—	—	XI	—	" I, 2.
136	Kapitel in Bremen	"	(.,)	—	—	—	—	—	Lappenberg I, 299.
137	Kl. St. Michaelis	Or. Hm B.	1194	—	—	—	—	—	—
138	Kl. Dorstadt	Or. D.	"	—	—	—	XI	—	Bode I, 339.
139	"	"	(.,)	—	—	—	—	—	Reg. HZ 1890, 248.
		6. Bischof Konrad I. (1194—98).							
140	Stift zu St. Andreas	Im Drucke	1195	Dez.	5	Worms	XIV	electionis II	Doebner I, 47.
141	Domkapitel	Cop. a	1198	Mai	21	Nordhausen¹)	—	—	Reg. Bode I, 348.
142	Kl. Amelungsborn	" I¹	"	Okt.	23	—	1	—	Baring II, 27.
143	"	" I²	"	"	"	—	—	—	—
		7. Bischof Harthert (1199—1218).							
144	Stift zu St. Andreas	Or. H.	1200	Nov.	29	—	—	—	Doebner I, 50.
145	Kl. Marienrode	"	1201	Aug.	11	Hildesheim	IV	ordinationis I	UB d. HV IV, 8.
146	Kl. Ringelheim	Cop. q¹	"	Sept.	8	Wöltingerode	—	—	Reg. Bode I, 358.

1) Datum Hildenesheim in pleno capitulo XI. Kal. Nov.

Nr.	Empfänger	Überlieferung	Jahr	Mon.	Tag	Ort	Ind.	Bischofsjahr	Druck
147	Stift St. Johannis	Or. H.	1201	Nov.	23	—	—	—	Doebner I, 52.¹
148	Graf Bernh. v. Welpe	Cop. a	"	März	9	Hildesheim	XIV	—	Böhmer, Princ. 381.
149	Domkapitel	Or. H.	1202	—	—	—	—	—	Scheid, Cod. dipl. [770.
150	Stift z. Heil. Kreuz	"	1203	—	—	—	—	—	Struben, Observ. 76.
151	Kl. Escherde	Or. Hm. B.	1204	Nov.	7	Hildesheim	—	—	—
152	Stift zu St. Andreas	a. h. " H.,	"	—	—	—	—	—	—
153^a_b	"	b. Or. Hm. D.	"	—	—	—	—	—	—
154^a_b	Stift St. Johannis	Or. II.	"	—	—	Hildesheim²)	—	—	Doebner I, 55.
		Or. Hm. B.				")			Reg. " 56.
155	Domkapitel	Or. Lg.	1205	—	—	-)	—	—	
156	Kl. St. Michaelis	Or. H.	"	Apr.	14	Winzenburg	VIII	—	Schmidt I, 427.
157	Kl. Kaltenborn	Cop. a	"	—	—	Hildesheim	"	—	Reg. Bode I, 365.
158	Kl. Lamspringe	Or. Hm. B.	1206	Sept.	16	Goslar	—	—	Lüntzel 385.
159	Domkapitel	Or. H.	"	Okt.	21	—	—	—	
160	Kl. St Michaelis	"	"	—	—	—	—	—	Reg. Bode I, 368.
161	Kl. Amelungsborn	"	1207	Apr.	8	—	—	—	Dr. " 369.
162	Kl. Wöltingerode	Cop. g	"	Nov.	9	—	—	—	Reg. " 370.
163	St. Jakobikirche (Goslar)	Or. Hm. C.	1208	Apr	29*)	—	—	—	Lüntzel 388.
164	Domkapitel	Or. H.	"	—	—	—	—	—	" 389.
165	Kapelle zu Sehnde	Cop. p	"	—	—	—	—	—	Reg. Bode I, 374.
166	Kirche zu Wehrstedt	Or. H.	"	—	—	—	XI	—	Dr. " 377.
167	Kl. Wöltingerode	Cop. b*	1209	März	11	Hildesheim	—	—	Doebner I, 58.
168	Kl. Neuwerk	Or. Gn.	"	Apr.	4*)	—	—	—	Bode I, 378.
169	Stift St. Mauritii	Cop. c	"	—	—	—	—	—	Reg. HZ 1890, 250.
170	Kl. St. Michaelis								
171	Kl. Riechenberg								
172	Kl. Derneburg								

1) Prior ordinatio facta est anno dominice incarnationis MCCI, V. Id. Martii in capitulo Hildensemensi.   2) In caminata episcopi.   3) In capitulo sancti Michaelis cenobii.   4) Perfecta est autem et confirmata hec nostre liberalitatis donatio banni nostri auctoritate III. Kal. Junii ... in plena synodo Hildensem.   5) Recognitum est et confirmatum in solempni synodo Hildensem anno MCCIX, XI. Kal. Jun.

Nr.	Empfänger	Überlieferung	Jahr	Mon.	Tag	Ort	Ind.	Bischofsjahr	Druck
173	Kl. Stederburg	Cop. m	1210	Mai	6	Hildesheim	—	—	Bode I, 383.
174	Kl. Neuwerk	Or. G.	„	Juni	2[2])	„	—	—	Würdtwein I, 284.
175	Stift St. Johannis	Cop. l	„	Okt.	23	Hildesheim	—	—	Reg. Bode I, 385.
176	Kl. Dorstadt	Or. D.	„	Dez.	21[3])	Nienstedt[4])	—	—	—
177	Berthold Osternunat	Cop. a	„	„	6	Hildesheim	—	—	Doebner I, 62.
178	Stift zu St. Andreas	Or. Hm. C.	„	„	20	„	—	—	—
179	Hochstift Hildesheim	Cop. d	1211	Nov.	22	Hildesheim	—	—	Sonnemann Nr.17[5]).
180	Stift zu St. Andreas	Or. Hm. B.	„	—	—	„	—	—	ZHV 1868, 107.
181	Stift zu St. Andreas	Or. H.	„	—	—	—	—	—	Doebner I, 64.
182	Stift St. Johannis	Or. Hm. B.	1212	Apr.	27	Hildesheim	—	—	—
183	Kl. Escherde	Or. H.	„	Mai	18[6])	„	XV	—	Reg. Bode I, 388.
184	Kl. Derneburg	„	„	Sept.	22	Hildesheim	—	—	Koken 203.
185	Kl. Lamspringe	„	1213	Jan.	17	Lamspringe	—	—	Cal. UB III, 37.
186	Kl. Derneburg	„	„	Apr.	18	Othfresen	—	—	Reg. Bode I, 392.
187	Kl. Loccum	Or. L.	„	Nov.	13	Hildesheim[6])	—	—	Reg. Doebner I, 70.
188	Kl. Dorstadt	Or. D.	„	—	—	—	—	—	Behrens 36.
189	Stift zu St. Andreas	Or. H.	1214	Mai	20	Lamspringe	—	—	Bode I, 393.
190	Kl. Lamspringe	„	„	Sept.	13	—	—	—	—
191	Kl. Neuwerk	„	„	Nov.	8	—	—	—	—
192	Stift zu St. Andreas	„	1215	März	24	—	—	—	UB d. HV I, 9.
193[7])	Kl. Marienrode	„	„	Mai	1	—	—	—	Würdtwein I, 291.
194	Stift St. Johannis	„	„	Juli	15	Bröckel	—	—	—
195	Kirche zu Wienhausen	Or. Wn.	(1199/1216)	—	—	—	—	—	—
196	Kl. Amelungsborn	Cop. l[1]		—	—	—	—	—	—

1) Recognitum eodem anno in generali synodo Hildensem III. Id. Jun. 2) Datum ... IV. Kal. Aug. (1211) in urbe Hildensem. 3) In domo nostra. 4) Mit der Jahreszahl 1212. 5) Datum der Beurkundung, Die Handlungen fanden März 26 und April 30 statt. 6) In curia Bertrammi canonici montis sancti Mauricii. 7) Die Fassung s. R. Marienrode 8b ist eine Fälschung aus dem Ende des 13. Jahrhunderts.

64

8. Bischof Siegfried I. (1216—21).

Nr.	Empfänger	Überlieferung	Jahr	Mon.	Tag	Ort	Ind.	Bischofsjahr	Druck
197	Stift z. Heil. Kreuz	Or. H.	1216	—	—	—	IV	—	—
198	Domkapitel	„	„	—	—	—	—	—	Doebner I, 73.
199	Kl. Amelungsborn	Cop. I¹	(")	—	—	—	—	—	Reg. ZHV 1880, 19.
200	Kl. Riechenberg	Or. tin.	1217	—	—	—	—	electionis I	Bode I, 398.
201	Kl. Lamspringe	Or. H.	„	—	—	—	—	ordinationis I	—
202	Kl. Wöltingerode	„	„	—	—	—	—	„ II	Reg. Doebner I, 76.
203	Kl. Dorstalt	Or. D.	„	Jan.	15	—	—	consecrationis II	—
204	Kaiser Otto IV.	Cop. o	1218	Juni	10	—	—	„ I	Asseb. UB I, 92.
205	Kl. Stederburg	„ m	„	„	„	Hildesheim	—	„ „	—
206	Stift St. Blasii	„ o	„	„	„	„	—	„ „	Origg.Guelf.III,661.
207	Stift zu St. Andreas	Or. H.	„	„	„	Hildesheim	—	„ „	Doebner I, 77.
208			1219	Apr.	2			ordinationis II	„ 78.
209	Kl. Dorstadt	Or. D.	„	Mai	17	—	—	pontificatus IV	—
210		Or. H.	„	„	„		VIII	„ III	—
211	Kl. St. Godehardi	„	„	„	„	Hildesheim	—	ordinationis II	—
212	Kl. Escherde	Or. W.	„	März	9	„	—	pontificatus II	—
213	Stift St. Blasii	Cop. m	1220	„	„	Hildesheim	VII	„ IV	—
214	Kl. Stederburg	Or. H.	„					„ III	—
215	Kl. Heiningen	Or. W.	„					„ IV	—
216	Kl. Gandersheim	„	„	—	—	—	—	„ V	Harenberg 751.
217	Bischof Friedrich von Halberstadt	Or. M.	„	—	—	—	—	„ IV	Schmidt I, 522.
218	Stift St. Johannis	Or. H.	1221	(Mai)	—	—	—		—
219	Domkapitel	„	„	(Mai) Juni	—	—	—	consecrationisIV	Doebner I, 82.
220	„	Cop. a	„	„	—	—	—	pontificatus IV	„ 83.
221		Or. H.	„	„	—	—	—	consecrationisIV	„ 84.
222	Kl. Ringelheim	„	„	„	—	—	—	pontificatus IV	„ 85.
223	Stift zu St. Andreas	Cop. q² a. b. Or. Hm. B.	„	—	—	—	—	consecrationisIV	—
224								„	

Nr.	Empfänger	Überlieferung	Jahr	Mon.	Tag	Ort	Ind.	Bischofsjahr	Druck
225	Kl. Dorstadt	Or. D.	1221	—	—	—	—	consecrat. IV	Bode I, 418.
226	Kirche zu Bröckel	Or. Wn.	„	—	—	—	—	„	—
227	Stift St. Mauritii	Cop. a	(-)	(Mai)	—	—	—	—	v. Aspern II, 15. Harenberg 800.
228	Kl. zur Clus	Or. W.	(1217/21)	—	—	—	—	—	—
229	Kl. Marienrode	Or. H.	„	—	—	—	—	—	UB d. HV IV, 10.

9. Bischof Konrad II. (1221—49).

Nr.	Empfänger	Überlieferung	Jahr	Mon.	Tag	Ort	Ind.	Bischofsjahr	Druck
230	Kirche zu Minden	Cop. v	1221	—	—	Hildesheim	—	pontificatus I	Würdtwein VI, 376.
231	Stift z. Heil. Kreuz	Or. H.	„	—	—	Hildesheim[1])	—	„	—
232a	Kl. Stederburg	a. b. Or. W.	1222	März	15	—	—	„	—
232b	Kl. St. Godehardi	Or. H.	„	Juni	8	—	—	„	Reg. Doebner I, 04*).
	Domkantor		(-) 1223	Sept.	1	—	—	III	—
233	Kl. Ringelheim	Cop. q'	„ 1224	—	—	—	—	I	Reg. Bode I, 433.
234	Kl. Walkenried	Or. H.	„	März	19	—	—	IV	—
235	Kl. Marienrode		„	„	26	—	—	II	—
236	Kl. Derneburg	Or. Hm. B.	„ 1225	„	1	—	XII	IV	UB d. HV I, 10.
237	Kl. Neuwerk		„	Mai	13	Hildesheim	XIII	„	Reg. Doebner I, 90.
238	Domkapitel	Cop. a	„	Juli		„	—	„	Bode I, 442.
239	Kl. Walkenried	„ k	(-) 1226	—	—	—	—	—	Doebner I, 91.
240	Papst Honorius III.	Im Drucke		Sept.	20	„	—	—	Reg.UBd.HV II,145. Schannat I, 194.
241	—	Or. H.	„	Okt.	23	Hildesheim	XIV	pontificatus VI	Bode I, 473.
242	Kirche zu Hohenhameln		(-)	—	—	„	—	„	ZHV 1868, 110.
243	Stift St. Bartholomäi	„	(-)	—	—	—	—	—	Doebner I, 97.
244	—[4])	„	„	—	—	—	—	—	Bode I, 475.
245	—[5])	Cop. a	„	—	—	—	—	—	ZHV 1868, 132.
246		Or. W.							
247									
248	Stift St. Blasii								

1) In capitulo maiori. 2) Mit falscher Datierung: 1226 Juni 13. 3) Löst mehrere Goslarer Domherren vom Banne und erteilt Weihen. 4) Exkommuniziert den Goslarer Kanoniker Kuno. 5) Bezeichnet einen Hildesheimer Adeligen mit dem Kreuz.

Nr.	Empfänger	Überlieferung	Jahr	Mon.	Tag	Ort	Ind.	Bischofsjahr	Druck
249	Klerus d. Hochstifts	Im Drucke	(1221/26)	—	—	—	—	—	Schannat I, 195.
250	Kl. Derneburg	Or. Hm. B.	1227	Mai	31	Eggenstedt	—	pontificatus VI	Anlage Nr. 1.
251	Kl. Dorstadt	Or. D.	„	Juni	4	Dorstadt¹)	XIV	„	Reg. Doebner I, 99.
252	Kl. St. Godehardi	Or. H.	„	Juni	7	—	XV	„	Doebner I, 100.
253	Propst von Ölsburg	Cop. a	„	„	8	Hildesheim²)	XIV	„	Bode I, 482.
254	Kl. Georgenberg	Or. Hm. B.	„	—	—	—	—	—	ZHV 1868, 111.
255	Kirche zu Hohenhameln	Or. H.	„	Juli	9³)	—	„	VII	Origg.Guelf.III,689.
256	Söhne Bodos v. Homburg	„	„	Aug.	16	—	„	VIII	Sudendorf I, 249.
257	Domkapitel	„	„	(„)	(—)	(„)	„	„	ZHV 1869, 57.
258ᵃᵇ	Kirche zu Solzeke	a. b. —	„	—	—	—	—	—	—
259	Domkapitel	Cop. a	„	—	—	—	—	VII	Doebner I, 101.
260	Stift St. Johannis	Or. H.	„	—	—	—	—	„	Würdtwein I, 295. 296.
261	—	„	1228⁵)	—	—	—	—	—	—
262	Kl. b. Mariae Magdalenae	„	„	Aug.	20	—	—	pontificatus VIII	Doebner I, 106.
263	Johann v. Wallenstedt	Or. Hm. C.	„	Nov.	10	Hildesheim	—	„	Reg. 107.
264	Stift St. Andreas	Or. H.	„	—	—	—	—	„	Bode I, 493.
265	Kl. St. Michaelis	Or. Hm. B.	„	—	—	—	—	„	—
266	Kl. Neuwerk	Or. Wn.	(1225/28)	Mai	15	Hildesheim	—	pontificatus IX	Bode I, 498.
267	Kirche zu Wienhausen	Or. D.	1229	—	—	Goslar⁴)	—	„	z. T. ZHV 1869, 58.
268	Kl. Dorstadt	Or. Hm. B.	„	„	—	—	—	„	—
269	Kl. Derneburg	Or. H.	(⁷)	—	—	—	—	„	—
270	Kl. Escherde	„	(⁶)	—	—	—	—	„	—
271	Stift z. Heil. Kreuz	„	„	—	—	—	—	IX	Reg.DoebnerI,109.
272	Kl. b. Mariae Magdalenae	„	„	—	—	—	—	„	Bode I, 499.
273	Kl. Kemnade	Cop. s	„	—	—	—	—	pontificatus IX	Cal. UB III, 55.
274	Domkantor	Or. H.	122(1/9)	Juli	13	—	—	„	Reg. Bode I, 428⁹).

1) In monasterio nostro. 2) In capitulo nostro. 3) In inferiori caminata nostra. 3) Die Datierung lautet: feria sexta proxima post octavam apostolorum Petri et Pauli. 5) Nach Juni 6. 6) Datum Hildensem anno dominice incarnationis MCCXXX, pontificatus anno … 7) Nach Aug. 15. 8) Nach Dez. 19. 9) Mit dem Datum: 1223 Juli 15.

Nr.	Empfänger	Überlieferung	Jahr	Mon.	Tag	Ort	Ind.	Bischofsjahr	Druck
275a	Kl. Derneburg	a. Or. H.	122(1|9)	—	—	—	—	—	Koken 205,[1])
275b		b. Or. Hm. B.							
276	Kirche zu Ölsburg	Im Drucke	(1221/29)	—	—	—	—	—	Schannat I, 202.
277	"	"	(")	—	—	—	—	—	"
278	Domkapitel	Cop. a	1230	Febr.	18	San (ier- mano[2])	—	—	—
279	Gebrüder von Escherde	Or. H.	"	Mai	13	Hildesheim	—	pontificatus IX	Reg. Doebner I, 112.
280	Domkapitel	"	"	Juni	2	—	—	" "	Sudendorf I, 12.
281	Kl. Derneburg	"	"	Juli	17	Hildesheim	—	" X	—
282	Domkapitel	Cop. a	"	Aug.	6	Förste	—	" "	Doebner I, 113.
283	Kl. St. Godehardi	"	"	Sept.	"	"	—	" "	Schannat I, 201.[3])
284	Stift St. Bartholomäi	Or. Hm. D.	"	Dez.	5	Winzenburg	—	" "	Koken 183.
285	Stift z. Heil. Kreuz	Or. H.	"	—	—	—	—	" "	—
286	Kl. Neuwerk	Or. Hm. B.	"	—	—	Rosenthal, Förste,Goslar	—	" "	Bode I, 505.
287	Stift z. Heil. Kreuz	Or. H.	(")	—	—	Heinde	—	" "	Reg. Doebner I, 114.
288	Domkapitel	Cop. a	"	—	—	—	—	" "	ZHV 1869, 112.
289	"	"	"	—	—	—	—	" "	—
290	3 Kanoniker d. Domstifts	Or. H.	1231	Aug.	16	Hildesheim	—	pontificatus VII	—
291	Kl. Walkenried	Or. Hm. D.	"	Sept.	6	—	—	" XI	Bode I, 509.
292	Kl Neuwerk	Or. H.	"	Okt.	2	—	—	" "	Doebner I, 120.
293	Stift St. Johannis	Cop. a	"			"	—	" "	—
294	Domkapitel	Or. Wn.	1232	Mai	13	Rosenthal	—	" XII	—
295	Kirche zu Wienhausen	Or. H.	"	"	18	Berelries	—	" XI	Asseb. UB I, 162.
296	Kl. Heiningen		"[4])				—	" "	Bode I, 513.
297a/f	Kl. b. Mariae Magdalenae	a—f. "	"				—	" "	
298	Kl. Marienrode	"	"	Juli	3	Hildesheim	—	pontificatus XI	UB d. HV I, 14.

[1]) Mit dem Jahre 1220. [2]) Das Inkarnationsjahr ergiebt sich aus der Ortsangabe. [3]) Ohne Datierung. [4]) Nach Juni 5. — Origg. im St.-A. zu Hannover s. R. Maria Magdalenenkl. 8—12 und Frankenberg 6.

Nr.	Empfänger	Überlieferung	Jahr	Mon.	Tag	Ort	Ind.	Bischofsjahr	Druck
299	Domkapitel	Or. H.	1232	Juli	16	Salzdetfurt	—	—	Ded.iur.meierd. 56. Bode I, 516.
300 a d	Kl. b. Mariae Magdalenae	a—d. „	„	—	—	—	—	—	
301	Kl. St. Michaelis	Cop. „ b,¹	„	Aug. (Aug./ Sept.)	13	Hildesheim	—	pontificatus XI	—
302	Domkapitel	Or. H.	„	—	—	—	—	XII	Doebner I, 127.
303	Kl. Riddagshausen	Or. W.	„	Nov.	2	Hildesheim	—	„	ZHV 1869, 59.
304	Domkapitel	Cop. a	„	„	11	„	—	„ X	„ 64.
305	Kl. Neuwerk	Or. Hm. B.	„	Dez.	6	Winzenburg	—	pontificatus XII	Doebner I, 128.
306	Kl. b. Mariae Magdalenae	Or. H.	„³)	—	—	—	—	„	Bode I, 523.
307	Stift z. Heil. Kreuz	—	1233	Apr.	24	Hildesheim	—	pontificatus XII	—
308	Kl. Wienhausen	Or. Wn.	1233	Apr.	24	Hildesheim	—	„	Origg.Guelf,III,715.
309⁴)	Kl. Riechenberg	Or. Gn.	„	Juni	28	Goslar	—	„	Bode I, 530.
310	Hospital zu Goslar	Or. N.	„	Juli	15	Winzenburg	—	XIII	„ 537.⁴)
311	Kl. Riechenberg	a.Or.Gn.b.Or.H.	„	Aug.	9	Hildesheim⁵)	—	„	„ 531.
312b	Domkapitel	Or. H.	1234	Jan.	23	„	—	„	ZHV 1869, 62.
313	Kl. Riddagshausen	Or. W.	„	Mai	21	Rosenthal	—	pontificatus XIII	Asseb. UB I, 173.
314	Kl. Wienhausen	Cop. „	„	„	15	Winzenburg	—	„	Cal. UB III, 66.
315	Stift St. Johannis	Or. H.	„	—	—	—	—	„	Würdtwein I, 300.
316	Kl. Wienhausen	Or. Wn.	„	Juli	11	Sievershausen⁶)	—	„	Anlage Nr. 2.
317	Kl. Hilwartshausen	Or. H.	„	Aug.	25	Försté	—	XIV	Reg.Doebner I,130.⁷)
318	Domkapitel	„ „	„	Nov.	1	Hildesheim	—	„	Scheid,cod.dipl.774.
319	„	Cop. a	„	Dez.	3	Förste	—	„	Ded. iur. meierd. 58.
320	„	Or. „ H.	ca. 1234	„	11	„	—	—	„
321	„								
322	„								

1) Nach Juni 30. — Origg. s. R. Mar. Magdalenenkl. 14. 15, Frankenb. 4. 5. Die Fassung c. d ist kürzer als a. b; in c fehlt die Angabe des Monats. 2) Nach Dez. 18. 3) Ein Original von zweifelhafter Geltung (h) im St.-A. zu Hannover s. R. Wienhausen 1. 4) Mit 1234. 5) In capitulo nostro. 6) Datum Vorsati anno domini MCCXXXV, IV. non. Maii, pontificatus nostri anno XIV. 7) Mit 1233.

Nr.	Empfänger	Überlieferung	Jahr	Mon.	Tag	Ort	Ind.	Bischofsjahr	Druck
323	Kl. Hilwartshausen	Or. H.	(1234)	—	—	—	—	—	Scheid, cod. dipl. 776.
324	Hochstift Hildesheim	Im Drucke	1235	—	—	—	—	—	Schannat I, 197.
325	Kl. Lamspringe	Or. H.	„	Febr.	22	Hildesheim	—	pontificatus XIV	Anlage Nr. 3.
326	Kustos Joh. v. St. Blasii	„	„	Apr.	15	Rosenthal	—	„	Reg. Lüntzel 401.
327	Domkapitel	„	„	Juni	1	Hildesheim	—	„	Sudendorf I, 13.
328a	Stift St. Mauritii	a. b.	„	„	9	„	—	„	Reg. Doebner I, 135.
328b									
329	Domkapitel	„	„	Juli	3	„	—	„	Dr. „ 136.
330	Kl. Wienhausen	Or. Wn.	„	„	20	Winzenburg Förste Sievershausen	—	pontificatus XIV	—
331	„	„	„	Aug.	11	Rosenthal	—	„ XV	—
332	Stift z. Heil. Kreuz	Or. H.	„	Sept.	10	—	—	„	Schannat I, 200.
333	Papst Gregor IX.	Im Drucke	„	—	—	—	—	„	Bode I, 546.
334	Kl. b. Mariae Magdalenae	Or. H.	„	Febr.	16	Hildesheim	—	„	Sudendorf I, 15.
335	Domkapitel	Or. Hm. B.	1236	März	10	—	—	pontificatus XV	—
336	Kl. Dorstadt	Or. H.	„	Apr.	17	Rosenthal	VIII	„	Cal. UB VIII, 1.
337	Kl. Wülfinghausen	Or. Hm. B.	„	„	4	Förste	—	„	Bode I, 547.
338	Kl. Neuwerk	Or. D.	„	Juli	—	Hildesheim	—	„	—
339	Kl. Dorstadt	Or. H.	„	—	—	—	—	„	—
340	Kl. Escherde	„	„	—	—	—	—	„	—
341	„	Or. D.	„	—	—	—	—	„	—
342	Kl. Dorstadt	Or. H.	„	Juli	17	Hildesheim	—	„	Reg. Doebner I, 140.
343	Kl. Derneburg	Cop. z	„	Aug.	21	„	—	„	Günther II, 181.
344	Kl. Marienberg	Im Drucke	„	„	25	„	—	„	Bodmann I, 81.
345	Kl. Bleidenstadt	Or. H.	„	„	8	„	—	„	Reg. Doebner I, 141.
346	Domkapitel	„	„	—	—	—	—	„	—
347	„	Or. W.	„	Sept.	8	Braunschweig	—	„	Asseb. UB I, 187.
348	Stift St. Blasii	Or. H.	„	—	—	—	—	pontificatus XVI	Scheid, cod. dipl. 664.
349	Domkapitel	„	„	—	—	—	—	„	
350	Kl. Derneburg								

Nr.	Empfänger	Überlieferung	Jahr	Mon.	Tag.	Ort	Ind.	Bischofsjahr	Druck
353	Domkapitel	Cop. a	1236	—	—	—	—	pontificatus XXI	Reg. Doebner I, 143.
354	Kl. b. Mariae Magdalenae	Or. H.	1237[1])	—	—	—	—	pontificat. XVII	Reg. Doebner I, 145.
355	Kl. Escherde	„	„	Juli	3	Hildesheim	—	„	—
356		Or. Hm. B.	„[2])	„	7	Stederburg	—	„	Bode I, 554.
357	Kl. Neuwerk	Or. H.	„	Sept.	„	„	—	„	—
358	Kl. b. Mariae Magdalenae	„ (HV)	„[3])	„	„	„	—	„	z. T. Bode 556.[4]) Anlage Nr. 4.
359	Stift z. Heil. Kreuz	Or. Hm. B.	„	Nov.	29	Hildesheim	—	„	—
360	Domkapitel	Or. H.	„	„	„	„	—	„	Reg. Doebner I, 147. 5.
361	Stift St. Mauritii	„	„	Dez.	20	„	—	„	—
362	Kl. Lamspringe	„	1238	Jan.	18	„	—	pontificat. XVII	Doebner I, 148.
363	Stift St. Mauritii	„	„	Febr.	1	„	—	„	Bode I, 557.
364	Kl. Frankenberg	Cop. k	„	März	30	Förste	—	pontificat. XVII	„
365	Kl. Walkenried	Or. H.	„	Apr.	23	„	—	„	„ 558.
366	Kl. Escherde	Or. W.	„	Juni	18	Nienstedt	—	„	—
367	Kl. zur Clus	Or. H.	„	Aug.	6	Winzenburg	—	„ XVIII	—
368	Kl. Derneburg	„	„	„	22	Förste	—	„ „	—
369	Kl. Frankenberg	„	„	„	„	Wöltinge- rode[6])	—	„ „	Bode I, 508.[5])
370	Kl. Wöltingerode	„	„	„	31	Halberstadt[7])	—	pontificat. XVIII	Reg. „ 561.
371	Kl. Neuwerk	Cop. p	„	Sept.	2	Rosenthal	—	„ XVII	Dr. „ 563.
372	Kl. Derneburg	Or. H.	„	„	28	Winzenburg	—	„ XVIII	—
373	Kl. Neuwerk	„	„	Nov.	12	„	—	„ „	Bode I, 564.
374		Cop. p	„	„	29[8])	—	—	„ „	„ 565.
375		Or. H.	„	Dez.	(25)	—	—	„ „	Cal. UB VIII, 5.
376	Kl. Wülfinghausen	Im Drucke	(—)	„	—	Winzenburg	—	„ „	Origg. Guelf. IV, 173.
377	Papst Gregor IX.	Cop. n	1239	März	—	—	—	pontificat. XVIII	Bode I, 567.
378	Kl. Frankenberg								

1) Nach Jan. 24. 2) Im Druck fehlen die einleitenden Worte. 3) Nach Sept. 25. 4) Nach Sept. 28. 5) Der Schriftbefund weist auf 1238, nicht auf 1230 hin. 6) Datum apud Vorsatum pridie Kal. Sept. 7) Datum apud Wincenburch V. Id. Nov. 8) Datum apud Nienstede V. Id. Febr.

Nr.	Empfänger	Überlieferung	Jahr	Mon.	Tag	Ort	Ind.	Bischofsjahr	Druck
379	Kl. Marienrode	Or. H.	1239	Apr.	23	Bettmar	—	pontificat. XVIII	UB d. HV I, 18.
380	Stift St. Johannis	"	"	Mai	5	—	—	"	Doebner I, 149.
381	Kirche zu Verden	Cop. e	"	Juni	14	Hildesheim	—	"	Hodenberg II, 65.
382	Kl. Wienhausen	Or. Wn.	"	"	15	Münstedt	—	pontificat. XVIII	Asseb. UB I, 204.
383	Kl. b. Mariae Magdalenae	Or. H.	"	Aug.	9	Hildesheim[1]	—	"	Reg. Doebner I, 150.
384	Stift St. Johannis	"	"	Okt.	21	"[2]	—	" XIX	Bode I, 569.
385	Kirche zu Verden	"	"	"	31	—	—	"	Doebner I, 153.
386	Stift z. Heil. Kreuz	"	"	Nov.	4	—	—	"	Hodenberg II, 70.
386b	Kl. St. Michaelis	a. b. "	"	—	—	Hildesheim	—	pontificat. XIX.	—
389	Kl. Dorstadt	Cop. r	"	—	—	—	—	"	Anlage Nr. 8.
390b	Kl. Wulfinghausen	a. b. Or. H.	" [a]	—	—	Hildesheim	—	"	—
391	Domkapitel	"	1240	März	8	Förste	—	pontificat. XIX	Cal. UB VIII, 7.
392	Kl Escherde	"	"	"	10	—	—	"	—
393	Kl. Neuwerk	Cop. p	"	"	27	—	—	"	Bode I, 574.
394	Stift St. Bartholomäi	Or. H.	"	"	28	Essem	—	"	" 576.
395	Stift St. Johannis	Cop. i	"	Apr.	23	Rosenthal	—	"	Doebner I, 158.
396	Stift z. Heil. Kreuz	Or. H.	"	Mai	9	Förste	—	"	—
397	Stift St. Bartholomäi	"	"	"	"	Hasede	—	"	Lüntzel 400.
398	Kl. Frankenberg	Cop. n	"	"	10	—	—	"	Bode I, 577.
399	Stift St. Mauritii	Or. H.	"	"	22	Bettmar	—	"	Struben, Observ. 78.
400	Stift St. Bartholomäi	"	"	Juni	17	Lengede	—	XIX	Asseb. UB. I, 208.
401	Kl. Wöltingerode	"	"	"	"	Dorstadt	—	XX	UB d. HV I, 20.
402	Stift zu St. Andreas	Or. D.	"	"	"	—	—	XIX	—
403	Kl. Dorstadt	"	"	"	21	Hildesheim	—	"	—
404	Kl. Derneburg	Or. Hm. B.	"	Juli	3	Werder	—	"	Bode I, 578.
405	Kl. Neuwerk	Or. H.	"	Sept.	6	Hildesheim	—	"	—
406	Kl. Lamspringe	"	"	"	"	—	—	"	—
407	Kl. Wienhausen	Or. Wn.	"	"	17	Wienhausen	—	XX	Reg. Doebner I, 159.

1) In capitulo nostro. 2) Die Ausfertigung b ist ohne Datierung.

Nr.	Empfänger	Überlieferung	Jahr	Mon.	Tag	Ort	Ind.	Bischofsjahr	Druck
408	Kl. Stederburg	Cop. m	1240	Okt.	23	Hildesheim¹)	—	pontificatus XX	Scheid. v. Adel 266.
409	Stift St. Johannis	Or. H.	„	„	31	—	—	„	Würdtwein I, 309.
410	Kl. Marienrode	„	„	Nov.	12	Förste	—	pontificatus XX	UB d. HV I, 22.
411		„	„	Dez.	13	Winzenburg³) Förste	—	„	„ IV, 15.
412	Kl. b. Mariae Magdalenae	„	„	„	29		—	„	Doebner I, 162.
413	Stift z. Heil. Kreuz	„	„	„			—	„ XXI	
414ᵃᵦ	Kl. St. Michaelis	a. b. „	„			Hildesheim	—	„ XX	Reg. Doebner I, 164.
415	Stift z. Heil. Kreuz		„				—	„	„ 166.
416	Domkapitel	Im Drucke	(„)				—		Schannat I, 303.
417	Kl. Wöltingerode	Or. H.	1241	Febr.	26	Nienstedt	—	pontificatus XX	UB d. HV I, 23.
418	Kl. Neuwerk	Or. Hm. B.	„	März	28	Emme	—	„	Bode I, 581.
419	Kl. Dorstadt	Or. D.	„	Mai	1	Heiningen	—	„	
420	Kl. Heiningen	Or. H.	„	„	4		—	„	UB d. HV I, 24.
421	Domkapitel	„	„	„	16	Hildesheim	—	„	Doebner I, 172.
422ᵃᵦ		a. b. „	„	Juni	6	Poppenburg	—	„	Reg. Bode I, 583.
423	Herzog Otto d. Kind	Im Drucke	„			Braunschweig	—	„	Origg.Guelf.IV, 190.
424	Kl. Escherde	Or. H.	„	Juli	5	Escherde	—	„ XXI	
425	Kl. Dermeburg	„	„	Sept.	7	Förste	—	„ XX	ZHV 1868, 123.
426	Kl. Wienhausen	Or. Wn.	„	„	17	Wienhausen	—	„	
427	Kl. Escherde	Or. H.	„	Nov.	20		—	pontificat. XXI	
428	Kl. Wienhausen	Or. Wn.	„	„	24	Rosenthal	—	„	Cal. UB VIII, 9.
429	Kl. Wülfinghausen	Or. H.	„				—	„	„ „ 10.
430	„	„	„				—	„	„ „ 11.
431	„	„	„				—	„	
432ᵃᵦ	Kl. St. Michaelis	a. b. „	„			Förste⁹)	—	„	Doehner I, 175.
433	Kl. b. Mariae Magdalenae	„	„				—	„	

1) In capitulo nostro. 2) In derselben Urkunde wird eine zweite zu Hasen im Oktober 1239 geschehene Handlung beurkundet. 3) In b fehlt die Ortsangabe.

73

Nr.	Empfänger	Überlieferung	Jahr	Mon.	Tag	Ort	Ind.	Bischofsjahr	Druck
434	Kl. Wienhausen	Cop. f	1241	—	—	Wienhausen	—	pontificat. XXI	—
435	Stift St. Mauritii	Or. H.	(1235/41)	—	—	—	—	—	—
436	Kl. b. Mariae Magdalenae		1242	Juli	17	Rosenthal	—	pontificat. XXI	Doebner I, 178.
437	Kl. Wienhausen	Or. Wn.	„	„	„	„	—	XXII	—
438	„	„ W.	„	„	25	Poppenburg	—	„	ZHV 1864, 134.
439	Kl. Riddagshausen	Or. H.	„	Aug.	18	„	XIV	„	Bode I, 588.
440	Kl. Frankenberg	Or. W.	„	Dez.	14	Neustadt¹)	—	„	—
441	Stift St. Cyriaci	Or. H.	„	„	27	Poppenburg	—	„	—
442	Kl. b. Mariae Magdalenae	Cop. n	(..)	„	—	—	—	„	Bode I, 589.
443	Kl. Frankenberg	a. h. Or. W.	1243	Jan.²)	(14/21)	—	—	pontificat. XXIII	Anlage Nr. 7.
444ₐ/ᵦ	Stift St. Cyriaci	Or. H.	„	Febr.	21	Hildesheim	—	„ XXIII	Nr. 8.
445	Kl. St. Godehardi	Or. L.	„	März	5	Poppenburg	—	„ XXIII	Cal. UB III, 91.
446	Kl. Loccum	Or. Hm. B.	„	„	14	Hildesheim	—	„ XXII	Bode I, 596.
447	Kl. Neuwerk	Or. H.	„	Apr.	25	„	—	„	„ 597.
448	Kl. Frankenberg	Cop. n	„	„	—	—	—	„	„ 598.
449	„	Or. H.	„	Juni	9	Winzenburg	—	„	Asseb. UB I, 228.
450	Kl. Heiningen	Or. Wn.	„	Sept.	23	Heiningen	—	„	—
451	Kl. Wienhausen		„			Rosenthal			
452ₐ/ᵦ	Kl. b. Mariae Magdalenae	a. b. Or. H.³)	„	Okt.	18	Poppenburg	—	„ XXIII	Anlage Nr. 9.
453	Kl. Wulfnghausen	Cop. q⁸	1244	März	16	—	—	„	Cal. UB VIII, 18.
454	Kl. Ringelheim	Or. H.	„	Apr.	9	Hildesheim	—	pontificat. XXII	—
455	Kl. Escherde	Im Drucke	„	„	„	Poppenburg	—	„ XXIII	Steffens 214.
456	Kirche zu Steinhorst	Or. Wn.	„	„	24	Rosenthal	—	„	—
457	Kl. Wienhausen	Or. H.	„	„	—	—	—	„	—
458	Kl. b. Mariae Magdalenae	„	„	—	—	—	—	„	Doebner I, 181.
459	Stift z. Heil. Kreuz	„	„	—	—	—	—	„	Reg. „ 185.
460	„	„	„	—	—	—	—	„	„ „ 183.
461	Kl. b. Mariae Magdalenae	„	„	—	—	Hildesheim	—	„	

1) In nova civitate. 2) In b, mit geringen Varianten, steht das Datum: Mai 15. 3) Die beiden Ausfertigungen variieren textlich bedeutend.

74

Nr.	Empfänger	Überlieferung	Jahr	Mon.	Tag	Ort	Ind.	Bischofsjahr	Druck
462	Kl. Wöltingerode	Or. H.	1244	Juli	12	—	—	pontificat. XXIV	Asseb. UB I, 233.
463	Kl. Isenhagen	Or. I.	„	Sept.	26	Hildesheim	—	—	Lüneb. UB V, 6.
464	Kl. Wienhausen	Or. Wn.	„	Dez.	12	Rosenthal	—	pontificat. XXIV	—
465			1245	Jan.	25	—	—	„ XXV	—
466	Kl. Neuwerk	Or. G.	„	Apr.	17	Winzenburg	—	„ „	Bode I, 607.
467	„	Cop. P	„	„	19	Goslar	—	„ XXIV	„ 608.
468	„	Or. Hm. B.	„	„	„	Neuwerk	—	„ „	„ 609.
469			„	„	„	Goslar	—	„ „	„ 610.
470	Kl. Amelungsborn	Cop. I	„	Apr.	10	Hildesheim	—	—	Reg. ZHV 1860, 29.
471	Kl. Derneburg	Or. H.	1246	„	29	„	—	pontificat. XXV	Reg. Doebner I, 187.
472	Stift zu St. Andreas	Or. Hm. B.	„	Mai	1	„	—	—	Dr. 188.
473	Kl. Frankenberg	Or. H.	„	Juni	15	„	—	pontificat. XXV	Bode I, 616.
474	Stift St. Johannis	„	„	„	„	„	—	„	Doebner I, 189.
475	Kl. Riechenberg	Or. Gn.	„	Aug.	8	Sarstedt	—	„	Bode I, 617.
476	Kl. Isenhagen	Or. H.	„	„	27	Hildesheim	—	„ XXVI	UB d. HV I, 29.
477	Kirche St. Martini	„	„	Sept.	28	„	—	„	Würdtwein I, 317.
478	Stift St. Johannis	„	„	„	23	Poppenburg	—	„	Doebner I, 190.
479	Kl. St. Godehardi	Or. I.	„	Okt.	15	Hildesheim	—	„	—
480	Kl. Isenhagen	Or. Hm. C.	„	Nov.	23	„	—	„ XXVII	Lüneb. UB V, 14.
481	Domkapitel	Or. Hm. B.	„	Dez.		Goslar	—	„ XXVI	Doebner I, 192.
482	Kl. Neuwerk	Cop. m	„				—	„	Bode I, 622.
483	Kl. Stederburg	Or. Hm. C.	„				—	„	Asseb. UB I, 242.
484	Neustadt Hildesheim	Or. H.	„			Hildesheim	—		Doebner I, 193.
485	Stift z. Heil. Kreuz	Or. G.	„				—	pontificat. XXVI	
486	Bürger von Goslar	Im Drucke	(1240/46)			Hildesheim	—	„	Bode I, 619.
487	Minoritenkloster	Or. H.	(1239/46)				—		Doebner I, 201.
488	Dominikanerkloster	Or. D.	(1227/48)			Poppenburg	—		„ 200.
489	Kl. Dorstadt								

1) In capitulo nostro.

Lebenslauf.

Am 5. Juli 1870 bin ich, Otto Heinrich Julius Heinemann, als Sohn des Privatmanns Georg Heinemann und dessen am 11. April 1888 verstorb. Frau Therese, geb. Berkel, zu Berlin geboren. Nach Übersiedlung meiner Eltern nach Göttingen besuchte ich von Herbst 1876 bis Ostern 1880 die dortige Mittelschule, dann das Königliche Gymnasium, das ich Herbst 1888 mit dem Zeugnis der Reife verliess, um mich zunächst an der Universität Göttingen dem Studium der historischen Hülfswissenschaften, Geschichte und deutschen Philologie zu widmen. Herbst 1889 ging ich auf zwei Semester nach Berlin, um dann meine Studien in Göttingen fortzusetzen, wo ich bis Michaelis 1893 immatrikuliert war. Ostern 1894 bezog ich zur Vorbereitung auf die Prüfung für Archivaspiranten die Universität Marburg, der ich zur Zeit noch angehöre.

Vorlesungen hörte ich bei den Herren Professoren und Dozenten:
In Göttingen: Dziatzko, Heyne, von Kluckhohn †, Roethe, Steindorff, Weiland †.
In Berlin: Geiger, Jastrow, Koser, Löwenfeld †, Marcks, Rödiger, Schmoller, von Treitschke, Weinhold.
In Marburg: Bergbohm, Kehr, Könnecke, Leonhard, Naudé, Schröder.

Ich beteiligte mich an folgenden Übungen:
In Göttingen: diplomatischen und paläographischen bei Prof. Steindorff, bibliographischen und paläographischen bei Prof. Dziatzko, den Übungen des historischen Seminars bei den Proff. Kluckhohn und Weiland und des Seminars für deutsche Philologie bei den Proff. Heyne und Roethe.
In Marburg: des Seminars für historische Hülfswissenschaften bei Prof. Kehr, des historischen Seminars bei Prof. Naudé und über Archivkunde bei Archivrat Könnecke.

Allen genannten Herren sage ich meinen aufrichtigen Dank, insbesondere fühle ich mich Herrn Professor Steindorff für die vielseitige Förderung meiner Studien zu steter Dankbarkeit verpflichtet.